Cómo superar la muerte de alguien que amas

Recibe consuelo y esperanza
para sobrellevar el duelo

Diana Baker

Copyright © 2018 Diana Baker

Copyright © 2018 Editorial Imagen.
Córdoba, Argentina

Editorialimagen.com
All rights reserved.

Todos los derechos reservados. Ninguna parte de este libro puede ser reproducida por cualquier medio (incluido electrónico, mecánico u otro, como ser fotocopia, grabación o cualquier sistema de almacenamiento o reproducción de información) sin el permiso escrito del autor, a excepción de porciones breves citadas con fines de revisión.

Todas las referencias bíblicas son de la versión Reina-Valera 1960, copyright © 1960 by Sociedades Bíblicas en América Latina, 1960. excepto donde se indica.
La Biblia de las Américas (LBLA) Copyright © 1986, 1995, 1997 by The Lockman Foundation - Palabra de Dios para Todos (PDT) © 2005, 2008, 2012 Centro Mundial de Traducción de La Biblia © 2005, 2008, 2012 World Bible Translation Center - Traducción en lenguaje actual (TLA) Copyright © 2000 by United Bible Societies - Dios Habla Hoy (DHH) Dios habla hoy ®, © Sociedades Bíblicas Unidas, 1966, 1970, 1979, 1983, 1996. - Nueva Traducción Viviente (NTV) La Santa Biblia, Nueva Traducción Viviente, © Tyndale House Foundation, 2010. Todos los derechos reservados.

CATEGORÍA: Autoayuda: muerte y duelo

Impreso en los Estados Unidos de América

ISBN-13: 978-1-64081-057-0

ÍNDICE

INTRODUCCIÓN 9

MI HISTORIA 13

    Una elección 13

    Esteban 14

    ¿Por qué? 16

    Culpa 16

    Un futuro perdido 18

    Paradoja 18

    Pensar positivamente 19

    Dolor 21

    Ánimo 23

    Amor infinito de Dios 24

    Dudas 26

    Soberano Dios 27

    Soberano 29

    El sufrimiento dentro de los planes de Dios 30

    Confiar 31

    Otra perspectiva 32

    Paz 33

    María 34

    El Padre 36

    Jesús sufrió 37

    Jesús, mi ejemplo 39

    Alabanza 41

Yo le alabo 42

Dar gracias 43

Himno de alabanza 44

Él es digno 45

La estrategia 46

Cambio 47

Fe 48

Vencedor 49

Sueños 50

Tatuaje 51

A prueba 52

Nueva comprensión 53

Pruebas 54

Primer amor 55

Una lección de fe 56

Una lección de humildad 59

Desarrollo y crecimiento 60

Una perla preciosa 60

El desierto 61

Mira las aves del cielo 63

Lázaro 64

Maria y Marta 65

Gozo 67

El Cielo 68

Lo eterno 69

En la Tierra 71

Una ilustración *72*

Unidos por el sufrimiento *73*

Bendiciones *74*

Dependencia *76*

Fuerza en la debilidad *76*

Consolación *78*

Ira *79*

Temor *82*

Esperanza *86*

Todos sufren *87*

Poema *89*

Paciencia *90*

Lágrimas *91*

Los hombres también lloran *92*

Conociendo a tu Dios *95*

Tú eres único *96*

Tiempos secos *98*

Un buen futuro *100*

Felicítate, le estás haciendo frente a tu dolor *101*

UN PUNTO DE VISTA PROFESIONAL **105**

Esperanza y paz en tiempo de luto *105*

Cómo enfrentar el dolor *108*

Tu viaje hacia la recuperación *109*

Algunas consideraciones sobre el dolor *113*

Comprender el proceso de duelo y aprender a superarlo *117*

El duelo cuando tienes hijos *120*

Cuando muere un hijo 121

Cuando no mengua el dolor 123

Duelo complicado 124

Buscar apoyo para el dolor... 127

VERSÍCULOS BÍBLICOS DE ALIENTO...**131**

TESTIMONIOS **137**

Paz en el dolor 139

Encontrar la paz en un océano de dolor 143

Una Trayectoria con Dios y el Cáncer 144

Sobrevivir el suicidio de mi hijo.. 148

Cuando Dios te rompe el corazón 150

Dios no duerme - Esperando la luz del día en las noches oscuras de la vida 151

¿Cuándo termina el duelo?... 152

Cómo lidiar con el dolor y la pérdida cuando eres muy sensible 155

El lugar favorito de Dios 159

CITAS...**165**

BIBLIOGRAFÍA..**175**

MÁS LIBROS POR LA AUTORA **178**

MÁS LIBROS DE INTERÉS **180**

Ven y bebe, porque todas tus fuentes están en Mí, nunca más volverás a tener sed. Porque YO SOY el Agua Viviente derramado por ti.

Ven, amor mío, y bebe bien; bebe de mi Amor, una fuente que fluye incluso en tu noche más oscura, y en tu día más seco, bebe de mi copa, bebe de mi amor, puedes recorrer nuestro jardín, beber de los ríos de mi placer.

O, cariño mío, todo es para ti, la Fuente del Amor nunca se secará. Del desbordamiento de nuestras fuentes, de los ríos de mi Espíritu, llenarás la copa de otros.

O mi amor, ven y bebe.

Jesús

INTRODUCCIÓN

El duelo es ese proceso delicado y complejo mediante el cual hemos de decir adiós a una persona que era significativa para nosotros.

Junto a la palabra duelo también las siguientes palabras están asociadas a ese estado: dolor - pena - aflicción - tristeza - pesar - sufrimiento - luto - angustia - padecimiento – amargura – congoja - desconsuelo, desconsolado – apesadumbrado.

El dolor es una respuesta natural a la pérdida. Es el sufrimiento emocional que siente cuando se quita algo o alguien que amas. Cuanto más significativa sea la pérdida, más intensa será su pena.

Nadie está preparado para el proceso de duelo. El duelo es una respuesta normal de nuestro cerebro ante una pérdida. Debemos darnos tiempo para superarlo y no intentar acelerar el proceso. Cuando decimos que superamos la muerte de un ser amado no significa olvidar esa persona. <u>No es olvidar, sino sanar el dolor para aprender a vivir con la ausencia del ser querido.</u> Nunca podremos olvidar la persona que amamos tanto, más bien sigue viviendo en nuestro corazón. Superar el dolor significa seguir viviendo sin que ese dolor nos afecte tanto que nos anule e impida que vivamos nuestra vida en plenitud.

El duelo es una experiencia altamente individual; no hay forma correcta o incorrecta de llorar. Cómo enfrentas tu dolor depende de muchos factores, incluyendo tu personalidad y manera de reaccionar, tu experiencia de vida, tu fe y lo importante que fue la pérdida para ti.

Inevitablemente, el proceso de duelo lleva tiempo. La sanidad ocurre gradualmente; no puede forzarse ni apresurarse. Cada persona afronta el duelo de un modo diferente y todos son igual de respetables. Ese camino personal requiere, sin duda, de múltiples procesos personales que iremos desarrollando y canalizando día a día. No hay tiempo límite ni tiempo fijo para el período de duelo – cada persona tomará el tiempo que piense necesario. Algunas personas comienzan a sentirse mejor en semanas o meses. Para otros, el proceso de duelo se mide en años. Sea cual sea tu experiencia de dolor, es importante ser paciente contigo mismo y permitir que el proceso se desenvuelva de forma natural.

Se nos dice que el tiempo lo sana todo. No es correcto. El tiempo no sana si uno mismo no propicia el cambio, la aceptación, la integración de esa pérdida. Ese vacío siempre va a existir en nuestro corazón; el tiempo no va a curar por sí mismo esa ausencia. Lo que sí va a propiciar el tiempo es que "duela un poco menos" para permitirnos seguir viviendo.

Cuando perdemos a alguien, nuestra mente no responde, solo siente. Se amontonan pensamientos con emociones, miedos con ansiedades.

Es necesario mantener un adecuado control de nuestros pensamientos - identificarlos para poder propiciar el desahogo emocional. El control del pensamiento exige a su vez que no te culpes ni busques a otros culpables por lo ocurrido. La persona se ha ido, no almacenes más dolor.

Es necesario aceptar, asumir la pérdida y llorarla. Haz de tu vida un homenaje a su memoria. Haz que tus días sean plenos, llora cada vez que lo necesites y no tengas miedo a reír de nuevo.

MI HISTORIA

Una elección

"Es a través del sufrimiento más profundo que aprendemos las lecciones más profundas. Si podemos confiar en Él por ello, llegaremos a la inquebrantable certeza de que Él está a cargo, Él tiene un propósito amoroso y Él puede transformar algo terrible en algo maravilloso. ¡El sufrimiento nunca es sin sentido!"
Rachel Saint

El sufrimiento, el dolor, la aflicción, la prueba, la tristeza, el duelo por una experiencia extrema llegará en algún momento a cada uno. Algunas situaciones son más gravosas que otras. Algunas personas son más fuertes que otras. Pero creo que nos toca a todos pasar por el valle de la muerte en algún momento de nuestra vida.

El dolor emocional es difícil de soportar y no lo anhelamos.

Pero algunos se quedan con su dolor y no buscan la manera de liberarse de esa angustia y estar en paz. En este punto de la vida hace falta tomar una decisión: me quedo con mi dolor o me niego a estar hundido en derrota y busco la manera para que mi vida esté en la cima y en la victoria en Jesús. Es una decisión. Es una decisión que sólo yo puedo tomar.

Esa decisión te llevará a una búsqueda de verdades y a un cambio de actitud. ¿Estás dispuesto a cambiar tu manera de ver tu realidad y efectuar un cambio en tu actitud?

Cuando nos sobreviene una desgracia, la paz en medio del dolor viene por tantas oraciones hechas a nuestro favor, pero luego, para que permanezca, involucrará nuestra propia decisión y actitud hacia las circunstancias.

Esa ha sido mi experiencia y agradezco a Dios si lo que aprendí, junto con mi esposo, puede ayudarte en tu situación.

Esteban

Dios nos dio cuatro varones. Crecieron en el marco de una iglesia pentecostal ya que fuimos pastores durante diecisiete años en Argentina y fuimos bendecidos cuando ellos nos apoyaron en diferentes áreas en nuestro ministerio.

Cuando Esteban tenía 18 años viajó a los Estados Unidos a mejorar su conocimiento en la música y ayudar en la iglesia donde asistía. A la edad de veinte y uno Esteban, el tercero de nuestros hijos sale como misionero a El Salvador junto con una familia norteamericana. Al mismo tiempo, con mi esposo salimos como misioneros a España.

Desde muy pequeño Esteban tuvo un toque especial y un llamado de Dios y allí, en ese país de Centro América se sentía en casa y amaba servir a Dios y a Su pueblo. Tenía muchos dones y Dios lo usaba en muchas áreas del ministerio. El día de su boda a los 28 años fue una ocasión muy especial. Pero seis meses después, repentinamente fue llevado a su hogar celestial. El dentista le había recetado unas pastillas para combatir una infección que le dieron un shock anafiláctico y falleció en pocos minutos.

No tuvimos tiempo de anticipar su muerte por padecer una enfermedad. Su partida vino como un shock inesperado y no podíamos entender por qué Dios llevaría un joven que amaba servirle y tenía tantos años por delante para hacer tantas cosas productivas en la esfera espiritual.

Lo más normal es sufrir y estar acongojado por una pérdida. Sí, tienes derecho a estar deprimido y triste. Pero si decides quedarte con tu dolor tu vida quedará en ese punto y no avanzará y te morirás por dentro y no encontrarás placer ni alegría en nada. Yo no quise eso para mi vida. Creía que mi vida tenía algún significado. Mi hijo murió, pero yo seguía viva y no quería vivir mi vida deprimida y en derrota.

Yo era la única que podía escoger mi propia reacción a la muerte de mi hijo. Estaba decidida a hacer algo más que estar permanentemente angustiada. Mi esposo, José, también era del mismo sentir.

Quiero compartir lo que aprendí, junto a mi esposo, como hijos de Dios, a superar este amargo trance y es mi deseo que nuestra experiencia también pueda ayudarte en tu búsqueda de respuestas.

¿Por qué?

"Ustedes no han pasado por ninguna prueba que no sea humanamente soportable. Y pueden ustedes confiar en Dios, que no los dejará sufrir pruebas más duras de lo que pueden soportar. Por el contrario, cuando llegue la prueba, Dios les dará también la manera de salir de ella, para que puedan soportarla." 1 Corintios 10:13 (DHH)

La primera pregunta que nos hacemos es: "¿Por qué?" Quiero saber por qué esto me pasó a mí. Esa pregunta nos atormenta día tras día. Necesitamos aliviar nuestra carga sabiendo la razón de lo sucedido. ¡Necesito saber! Pero esa pregunta no tiene respuesta. Pocas veces Dios nos revela lo que solamente Él sabe. ¿Podemos seguir adelante sin saber el por qué?

En realidad, no es necesario entender el por qué. Si entendemos que Dios es soberano y si confiamos plenamente en Él, no nos hace falta esa respuesta. Nuestro Padre celestial nos promete que no nos tocará algo que no podremos superar y podemos descansar en esa verdad sabiendo que el sufrimiento que me ha tocado podré superar. Él quiere ver que confías en Él plenamente aún sin tener respuestas y tu paz vendrá de esa decisión. ¿Podemos confiar en Dios sin saber el por qué? Esta pregunta sí hace falta resolver.

Culpa

"Entonces en su angustia pidieron ayuda al Señor, y él los libró de sus dificultades." Salmo 107:13 (PDT)

Cuando perdimos a Esteban, una de las primeras reacciones fue que nos sentimos culpables. Pensábamos: ¿Qué podríamos haber hecho para evitar su muerte? ¿Por qué no hicimos tal cosa? ¿Por qué….?

Y pensamos muchas cosas que no hicimos y que lamentamos…muchas cosas que pudieron haber sido y que nunca serán…todos pensamientos negativos…que nos hunden y nos dejan en tristeza y desasosiego. Nos atormentábamos pensando en lo que pudiéramos haber hecho para evitar esa desgracia.

La verdad es que nada escapa a Dios. Nada es por casualidad. Él ha estado en control todo el tiempo. Nosotros no pudimos hacer nada para evitar el desenlace. Él conoce perfectamente los tiempos.

No dejes que la culpa te invada. No hiciste nada malo. No te equivocaste. La desgracia no sobrevino por culpa tuya.

La culpa es un pensamiento negativo que no viene de Dios. Echa ese pensamiento fuera de tu mente. Y cuando quieran regresar esos pensamientos (muy posiblemente todos los días), sigue echándolos de tu mente. No dejes que tu mente medite sobre pensamientos negativos.

Cada vez que viene un pensamiento erróneo o negativo, piensa en algo positivo y bueno y medita sobre ello.

Los pensamientos negativos son trampas del diablo, que si los acariciamos y les prestamos atención (porque pensamos que tenemos derecho de estar tristes y pensar así) nos conducirán por un camino desagradable que terminará en algo peor y en una profunda depresión.

Un futuro perdido

"No tengas miedo, pues yo estoy contigo; no temas, pues yo soy tu Dios. Yo te doy fuerzas, yo te ayudo, yo te sostengo con mi mano victoriosa." Isaías 41:10(DHH)

Esteban murió a los 28 años. Tan joven. Tan excepcional en todo. Tantas cosas por aún experimentar, tantas metas que aún debía lograr – un futuro que nunca llegaría. Nunca sería padre, nunca vería sus sobrinos nacer – tantas cosas que le fueron robadas.

Esos pensamientos me entristecían, me entristecen. Pero no me dejo quedar con esos pensamientos que no tienen respuestas lógicas. Más bien me quedo pensando en todo lo bueno y grandioso que fue Esteban y lo mucho que hizo en tan poco tiempo. Celebro todo lo que logró. Celebro su vida y su ser. Nunca llegó a engendrar un hijo, pero fue como un papá a muchos pequeños a quién él ayudó.

Un día Dios me hizo ver que todo lo que Esteban había hecho era suficiente para Él. Él conocía el corazón de Esteban y todo lo que deseaba realizar y Él lo aceptaba como si se hubiera logrado en la realidad. También recordé la verdad que para Dios es más importante un corazón puro que nuestros hechos.

Paradoja

La experiencia es el más difícil de los maestros. La experiencia da el examen final primero y luego la lección.

Primero viene el dolor y luego aprendemos la lección. Porque el sufrimiento no es porque si simplemente. Todo lo que Dios hace es bueno y es para bien, por más que parezca una paradoja. Por ello, el resultado de nuestro sufrimiento es algo bueno que aprendemos.

Durante los primeros días la ausencia de Esteban era lo único que ocupaba mi mente y mis pensamientos. El amor por ese hijo ocupaba todas mis vivencias. No pensar en él parecería que no lo amara. Quería pensar en él y sentirlo cerca...recordarlo y lo que juntos vivimos.

Recuerdo que llegué a hacer la siguiente pregunta a Dios: ¿Te puedo amar más que a mi hijo? ¿Puedo amarte, aunque no sepa y no entienda por qué llevaste a mi hijo? ¿Te puedo amar, aunque tenga que pasar por tanto dolor?

Para amar más a Dios tendría que aceptar que lo haya llevado a Esteban...tendría que soltarlo...y tomar la decisión de seguir con mi vida, seguir lo que estaba haciendo antes...como si nada hubiera cambiado. Significaba entregar mis deseos al Señor y aceptar los Suyos, aunque no entendiera nada...aceptar que Su voluntad era mejor y hasta agradecerle por ello. Sí, aceptar que Esteban ya no estaba físicamente en este mundo.

Mi respuesta debía ser sí...y esa fue mi contestación.

Pensar positivamente

"A Dios no le gusta que no confiemos en él. Para ser amigos de Dios, hay que creer que él existe y que sabe premiar a los que buscan su amistad." Hebreos 11:6 (TLA)

Junto con las preguntas y la culpa viene el sentimiento de no querer seguir adelante...que ya la vida no tiene sentido. Otro sentimiento negativo. Esta fue otra de las primeras reacciones para nosotros.

José y Esteban disfrutaban de una gran amistad y complicidad por estar ambos sirviendo full time a Dios y se apoyaban mutuamente. Perder a Esteban fue un golpe muy grande para José y su ministerio no parecía tener sentido sin el apoyo de su hijo. Su vida parecía vacía y sin sentido. Se le fueron los deseos de seguir adelante.

Pero nos dimos cuenta de que estos pensamientos no eran de Dios. Todo pensamiento negativo viene del enemigo que quiere truncar los propósitos de Dios.

Nuestro amado hijo había partido para la eternidad, pero si aún vivimos en la Tierra es porque aún había propósitos de Dios para nosotros y nuestro tiempo aún no había llegado. Y entendimos una estrategia: tornar todo pensamiento negativo con un pensamiento positivo.

La tristeza, el luto, el dolor es normal, pero permanecer en ese estado no es saludable ni productivo y más bien lleva a un estado de depresión y no es fácil salir de una depresión. Por eso era necesario buscar la estrategia para no permanecer en la tristeza y derrota.

Así, venían los recuerdos, y la tristeza y las lágrimas…pero luego buscaba algo por el cual estar agradecida, para elevar mi espíritu y no permanecer en tristeza. El mejor de todos es saber que su muerte es una separación momentánea y que en realidad falta poco hasta que nos volvamos a ver, y que cada día la espera se acorta.

Agradecí a Dios que Esteban había sido feliz en El Salvador, feliz sirviéndole y amando todo lo que hacía. Agradecí a Dios que había conocido a su alma gemela y se había enamorado y aún había llegado a ser esposo de una joven maravillosa con ideales idénticos. Agradecí a Dios que no haya sufrido a la hora de morir, que todo fue muy rápido etc.

Voy a reiterar otra vez aquí porque es una lección importante. Los pensamientos negativos no vienen de Dios. Échalos fuera de tu mente. Y cuando quieren regresar esos pensamientos, sigue echándolos de tu mente.

No dejes que tu mente medite sobre pensamientos negativos. Cada vez que viene un pensamiento erróneo o negativo, piensa en algo positivo y bueno y medita sobre ello.

Es un ejercicio de la mente...yo tomo la decisión de dejar de pensar en algo triste y tomo la decisión de pensar en algo agradable. Cambio lo triste por algo que me infunde paz, tranquilidad.

"Tú guardarás en completa paz a aquel cuyo pensamiento en ti persevera; porque en ti ha confiado. Confiad en Jehová perpetuamente, porque en Jehová el Señor está la fortaleza de los siglos." Isaías 26:3-4

Dolor

"El Señor Dios me fortalece, afirma mis pies como los de un venado para que yo camine en las alturas." Habacuc 3:19 (PDT)

Durante nuestros días de luto nos sentimos tan frágiles en nuestro dolor y no deseamos estar bien. Nos acomodamos en la tristeza, nos ponemos cómodos en ese sentir, preparándonos para seguir así de ahora en adelante. Perdemos el apetito y el deseo de hacer algo divertido. Nada tiene sentido. Nos gusta estar triste y creemos que merecemos estar triste. También pensamos que debemos estar triste…porque ¿qué pensarán los demás si ven que no estoy angustiado?

También uno siente culpa por encontrar alegría en algo (un nuevo nacimiento, por ejemplo) y no seguir en la tristeza.

Si algo me da alegría ¿significa que amo menos a mi ser amado que ha fallecido, que ya no lo tengo en cuenta y lo estoy olvidando…cuando en realidad no quiero olvidarlo?

¿Qué es lo correcto?

No hay manera correcta o incorrecta de manejar tu dolor, sólo tu manera. Confía en tus instintos, porque sólo tú sabes lo que más necesitas. Permítete el tiempo de luto que necesites, pero no te quedes allí – eso es un grave error.

Anticipa que los días de fiesta, los cumpleaños, y otras ocasiones especiales fomentarán memorias dolorosas. Organiza una manera de honrar a tu ser querido en esos días. Es posible que desees mantener viejas tradiciones o incorporar otras nuevas. Asegúrate de que tus propias necesidades se cumplan durante estos tiempos difíciles.

El dolor se suavizará con el tiempo. El sol volverá a brillar. Cuando vuelva la alegría a tu vida nunca significará que has dejado de extrañar a la persona que perdiste. Volver a sentir alegría no es una traición al amor. Más bien, es un signo de sanidad y un paso necesario hacia la supervivencia. Mejores días van a llegar. Y tú debes tomar la decisión de volver a tu vida, poco a poco, enfrentar la vida con valentía. No estás solo. No estás sola. ¡Lo puedes lograr!

Ánimo

"El Señor es mi fortaleza y mi escudo; confío en él con todo mi corazón. Me da su ayuda y mi corazón se llena de alegría; prorrumpo en canciones de acción de gracias." Salmo 28:7 (NTV)

Un día mientras caminaba a mi trabajo el Señor me recordó una canción y al cantarlo una y otra vez mientras caminaba, trajo tanta paz y alivio a mi ser.

Tú eres Señor, mi fortaleza

Fortaleza como ninguna

Tu fortaleza me llega a mí

Tú eres Señor, mi esperanza

Esperanza como ninguna

Tu esperanza me llega a mí

En la plenitud de Tu gracia

En el poder de Tu Nombre

Me levantas (Has sido fiel)

Me levantas (Has sido fiel)

Amor que siempre permanece

Más fuerte que las montañas

Más profundo que los océanos

Me llega a mí

Tu amor Señor

Llega hasta los cielos

Tu fidelidad

Nunca fallará.

(Eres Mi Fortaleza (You are my Strength) de Hillsong United)

El Señor mismo me ministraba y me recordaba que Su amor no tiene fin, que en Él tengo una inmensa esperanza, que Él es mi fuerza, que Él me levanta y Él es fiel, Él es fiel, Él es fiel - no estoy perdida, Su amor me alcanza. Sabía que Dios me veía y entendía lo que atravesaba, pero aun así Él estaba conmigo y no me fallaría nunca.

Muchos, muchos días cantaba esa canción y era un momento muy especial cuando realmente sentía que el Señor me levantaba del valle de dolor y me elevaba a las alturas celestiales.

Amor infinito de Dios

"El Señor me dijo: «Mi bondad es todo lo que necesitas, porque cuando eres débil, mi poder se hace más fuerte en ti». Por eso me alegra presumir de mi debilidad, así el poder de Cristo vivirá en mí." 2 Corintios 12:9 (PDT)

Dios siempre es bueno. Su bondad no es a medias…todo Él es bondad. En Dios no hay maldad en absoluto. Él no es caprichoso y no nos castiga – no nos da lo que en realidad merecemos. ¡Su deseo para con nosotros <u>siempre</u> es bueno! El no desea que suframos.

Tal vez el sufrimiento de la muerte de un ser querido es aumentado por tener una perspectiva equivocada de la vida y la muerte.

El dolor, el sufrimiento, la muerte y todas las cosas dolorosas y negativas no estuvieron en el plan original de Dios para este mundo. Estas cosas entraron debido al pecado. Adán y Eva se equivocaron y decidieron tomar la decisión equivocada – decidieron desobedecer a Dios.

La desobediencia siempre traerá una consecuencia. Por la desobediencia de Adán y Eva, leemos en Génesis, que fueron echados del Jardín de Edén y de la presencia de Dios y la tierra también se contaminó a raíz de su pecado. No obstante, el plan original de Dios quedaba en pie, sólo que ahora tendría que haber otra manera de lograrlo. ¿Cuál es el plan de Dios para los hombres?

Efesios nos dice que Dios, como Padre, desea tener una familia de hijos que lo amen y deseen estar con Él.

Es importante entender que más allá de la justicia de Dios que exige que el pecado tenga su castigo debido, Dios es un Dios de Amor. Y no es que Dios tiene amor ni que tiene mucho amor ni que tiene todo el amor del mundo. La verdad es que Dios ES amor. Su esencia es amor y sólo puede actuar por ese infinito amor que es Su ser. Si podemos entender esa cualidad de Su Persona se aclaran muchas cosas.

Dios es nuestro Padre. Un padre siempre desea lo mejor para sus hijos...los ama incondicionalmente y se desvive por ellos.

Dios nos ama. Dios te ama. Te ama tanto, como si fueras el único/la única en el mundo. Dios quiere lo mejor para ti...sólo quiere tu bien, Él siempre quiere tu bien.

Que hoy puedas estar seguro de que Dios te ama siempre. No hay nada que puedas hacer para alejar de ti Su amor. Te ama, hagas lo que hagas, pienses cómo pienses…Su amor es incondicional. Y ese amor le llevará a darte siempre lo mejor. Ese amor incluye experiencias dolorosas y difíciles pero el resultado siempre será bueno.

Dudas

"Tú, Dios mío, nos pusiste a prueba, para ver si éramos fieles…Pasamos por el fuego, cruzamos por el agua, pero finalmente nos trajiste a esta tierra de abundancia." Salmo 66:10, 12 (TLA)

En esta situación tan frágil uno empieza a dudar…a dudar de cosas que uno creía o pensaba que creía. Mi corazón roto cuestionaba lo que había creído de mi Dios durante tantos años. Había confiado en Él por tantas cosas a través de muchos años. Pero ahora se debía definir si aún podía seguir confiando en Él en el valle de la muerte.

Me preguntaba a mí misma si aún creía en Él y si aún tenía confianza en Él. Lo que yo sabía debía ser más fuerte que lo que yo sentía. Conocer la Palabra, conocer íntimamente a Dios como mi Padre, mi Creador, mi Amigo fiel debía ser suficiente para eliminar las dudas.

Sabía que debía confiar más allá de lo que sentía. Mi mente debía operar más que mi corazón. Las emociones son variables y variantes, pero la Palabra de Dios es estable y eterna y es verdad.

Así, tomé la decisión de confiar en Él y realmente creer todo lo que Su Palabra me enseña. Debía creer que Él no me fallaba y que a pesar de todo lo que pensaba, sentía, veía de la situación, Él aún era Dios todopoderoso y soberano, que sabe lo que es mejor para mí.

No dudes de Dios. Lee Su Palabra para volver a creer y pide al Espíritu Santo que te quite esas dudas y te ayude a creer con todo tu corazón.

Soberano Dios

"Sabemos que Dios obra en toda situación para el bien de los que lo aman, los que han sido llamados por Dios de acuerdo a su propósito." Romanos 8:28 (PDT)

A.W: Pink escribe:

> "La soberanía de Dios es absoluta, irresistible, infinita. Cuando decimos que Dios es soberano, afirmamos Su derecho a gobernar el universo, que Él ha hecho para Su propia gloria, tal como Él quiere. Afirmamos que Su derecho es el derecho del Alfarero sobre la arcilla, es decir, que puede moldear esa arcilla en cualquier forma que Él elija, formando de la misma masa un vaso para honra y otro para deshonrar. Afirmamos que Él no está bajo ninguna regla o ley fuera de Su propia voluntad y naturaleza, que Dios es una ley para sí mismo, y que Él

no está obligado a dar cuenta de Sus asuntos a nadie.

La soberanía caracteriza todo el Ser de Dios. Él es tan soberano en todos Sus atributos. Él es soberano en el ejercicio de Su poder. Su poder se ejerce cómo Él quiere, cuándo Él quiere, dónde Él quiere.

En el Antiguo Testamento vemos que Dios dio libertad a Su pueblo de diferentes maneras como así también Jesús sanó a los enfermos de modos distintos.

La soberanía de Dios es todopoderosa pero no siempre previsible desde el punto de vista humano. Dios es libre de hacer o no hacer lo que Él elige en una situación dada. Es de esta manera que Dios elige soberanamente, como parte de Su plan, permitir el sufrimiento en la vida de algunos cristianos, bajo diferentes circunstancias, con resultados variables.

Los sufrimientos, las pruebas, las persecuciones y toda clase de adversidades que pueden enfrentar a los creyentes están ciertamente bajo Su control soberano y pueden originarse como parte de Su plan soberano."

Teniendo el conocimiento que cualquier sufrimiento experimentado por los creyentes es parte del plan soberano de Dios proporciona un gran consuelo.

Aunque sé que Dios me ama yo soy meramente lo creado. No tengo derecho a cuestionar al Creador. Como hija debo ser obediente – como lo fue Jesús – y aceptar lo que el Padre ha trazado para mí porque Él sabe infinitamente mejor que yo lo que me conviene. Creo y acepto que lo que Él quiere es mejor.

Soberano

"Entonces en su angustia pidieron ayuda al Señor, y él los libró de sus dificultades. Cambió la tempestad en brisa; calmó las olas. Se alegraron al ver el mar calmado, y Dios los guió al puerto deseado. Den gracias al Señor por su fiel amor, y porque él hace hasta lo imposible a favor de los seres humanos. Alábenlo en el templo; alábenlo cuando se reúnan los ancianos líderes del pueblo." Salmo 107:28-32 (PDT)

Cuando le digo a Dios: "Sí, creo en Ti", me estoy abandonando en Sus brazos. Le estoy diciendo: Sea hecha Tu voluntad…que se haga a Tu manera…yo no decido nada…sea como Tú prefieres…me puedes dar y me puedes quitar…. Tú eres mi Señor y yo sencillamente soy Tu sierva. Confío que Tú sabes más que yo y Tu manera es mejor y aunque no lo entiendo, algún día tendré la respuesta y sabré que Tú tenías razón.

Es un acto de someterse a la voluntad de Dios sin exigir nada. Y aunque te parece que te quita todo en realidad es el punto de partida para empezar a vivir plenamente de nuevo.

Eso es lo que significa la soberanía de Dios…cuando aceptas que Él es Todo…y que ese todo es tan vasto y extenso e ilimitado, y que tú no puedes cambiar esa grandeza de Dios.

Pero cuando aceptas tu sufrimiento dentro de Su soberanía y voluntad, esa grandeza te abraza y te da toda la consolación que necesitas para seguir viviendo tu vida en plenitud y en el camino de los propósitos originales de Dios.

El sufrimiento dentro de los planes de Dios

¿Por qué el sufrir es parte del plan de Dios?

John MacArthur escribe:

> "Saber acerca de la soberanía de Dios en todas las cosas no significa que tendremos completo entendimiento, pero nos da una esperanza en medio de los aspectos más difíciles y menos claros de Su obra en nuestras vidas - Génesis 18:25, Isaías 55: 9.
>
> En la soberanía de Dios todo tipo de dificultades son reales y deben esperarse en la vida de los auténticos cristianos. Aun así, nos encontramos preguntándonos: ¿por qué Dios permite que esta desgracia nos sobrevenga?" Aunque esto nos tome desprevenidos a nosotros, a Jesús no, porque nos advirtió que las pruebas y persecución eran de ser esperadas en los creyentes a través de todos los siglos. Jesús predijo que enfrentaríamos hostilidad de parte del mundo (Juan 16:33). Y los apóstoles confirman que debemos esperar tener pruebas en la vida. (2 Timoteo 3:12; 1 Pedro 4:12).
>
> Una razón principal por la que a muchos creyentes les cuesta aceptar el papel del sufrimiento en sus vidas es que no han comprendido la realidad de la soberanía divina. Muchos tampoco ven la adversidad desde la perspectiva de Dios. Al hacerlo, pasan por alto completamente el efecto positivo, fortalecedor y perfeccionador que producen las pruebas en la fe del creyente.
>
> Es posible y en realidad es el deseo de Dios, que hagamos algo más que simplemente sobrevivir o tolerar una temporada de pruebas o sufrimiento. El Señor quiere que

la experiencia, aunque difícil, sea positiva al final - una que fortalece y refina nuestra fe - Job 23:10."

Confiar

"De modo que, si sufren de la manera que agrada a Dios, sigan haciendo lo correcto y confíenle su vida a Dios, quien los creó, pues él nunca les fallará." 1 Pedro 4:19 (NTV)

Cuando aceptas la soberanía de Dios ya es más fácil ver las cosas desde otra perspectiva. Ya es más fácil confiar nuevamente en Él. La actitud del creyente debe ser la de confiar plenamente en Dios. Debemos mantener una actitud de confianza mientras soportamos el sufrimiento.

Jerry Bridges lo expresa así:

"Confiar en Dios en tiempos de adversidad es ciertamente algo difícil de hacer. Confiar en Dios es una cuestión de fe, y la fe es el fruto del Espíritu. Sólo el Espíritu Santo puede hacer que Su Palabra se vuelva viva en nuestros corazones y crear fe, pero podemos elegir mirar a Él para hacer eso, o podemos elegir ser gobernados por nuestros sentimientos de ansiedad o resentimiento o pena."

Lánzate a Sus brazos como un pequeño niño que busca los brazos del padre. Es un lugar seguro y Él nunca te fallará.

Pedro nos aconseja que sigamos haciendo lo correcto. Otra versión dice: *"sigan haciendo el bien."* Cuando uno ya está más fortalecido, una buena terapia es ocuparse de otros que están en problemas. Nos hace bien olvidarnos de nosotros mismos y ocuparnos de las desgracias de otros. La vida cristiana no es egoísta y cuando hacemos algo por otro lo estamos haciendo al mismo Jesucristo.

Otra perspectiva

"Por lo tanto, no desechen la firme confianza que tienen en el Señor. ¡Tengan presente la gran recompensa que les traerá!" Hebreos 10:35 (NTV)

Nunca había pasado por una experiencia parecida. Nunca hubiera pensado que me iba a tocar a mí perder a un hijo. Ya que ese fue el sufrimiento que me tocó a mí ¿qué es lo que el Padre esperaba de mí?

Traté de ver la situación cómo lo vería Dios, desde Su punto de vista. Cuando leemos en la Biblia lo que le pasó a Job tenemos todo el cuadro – desde el comienzo en los cielos hasta su final feliz.

Vemos que en la gran tragedia que le tocó a Job (no sólo de perder un hijo sino varios y, además, perder sus posesiones materiales), él quiso mantener la actitud que le agradaría a Dios.

Entonces, me preguntaba: ¿qué actitud quiere ver el Padre en mí, al haber perdido mi hijo?

Mi conclusión fue que el Padre quería ver una hija que no perdía su confianza en Él y una hija que aún lo podía alabar en medio de su dolor. Yo quería agradar a Dios, quería Su aprobación; quería que Él comprobase que mi amor por Él no sería afectado porque me haya quitado algo tan amado, porque sabía que Su amor no había menguado y estaba plenamente confiada y segura en Sus decisiones y propósitos.

Entonces vi que sufrir es un privilegio. Es algo que le puedo ofrecer a Dios en amor y confianza y fe, aunque no lo entienda; ofrecerle el dolor que me toca sabiendo que como ese dolor ha sido elegido justo para mí, entonces, será algo que podré sobrellevar. Él me ayudará a sobrellevarla.

Paz

"No se aflijan por nada, sino preséntenselo todo a Dios en oración; pídanle, y denle gracias también. Así Dios les dará su paz, que es más grande de lo que el hombre puede entender; y esta paz cuidará sus corazones y sus pensamientos por medio de Cristo Jesús." Filipenses 4:6-7 (DHH)

"Tú les das paz a los que se mantienen pensando en ti, porque en ti han puesto su confianza.

Confía siempre en el Señor, porque el Señor Dios es refugio eterno.

El camino del justo es recto. Tú, el Justo, le facilitas el camino.

El deseo de mi alma es buscarte. El espíritu dentro de mí madruga a encontrarte.

Señor, danos paz y prosperidad, pues todo lo que hemos conseguido te lo debemos a ti." Isaías 26:3, 4, 7, 9, 12 (PDT)

Cuando nuestra alma está atribulada y estamos acongojados lo que buscamos y necesitamos es una paz interior. Sólo el Señor puede otorgarnos esa paz que nos aquieta y nos tranquiliza porque Su paz no es pasajera sino un estado estable de nuestro ser interior.

"El mismo es nuestra paz." Efesios 2:14 (LBLA)

"Les dejo la paz. Es mi propia paz la que les doy, pero no se la doy como la da el mundo. No se preocupen ni tengan miedo." Juan 14:27 (PDT)

En medio del torbellino que es el mundo exterior podemos tener paz en nuestro corazón.

Puedes tener paz en medio de esa tormenta que te golpea. Esa paz viene por pedírsela a Dios y por confiar plenamente en Él. Él nos da la paz cuando la deseamos recibir de Sus manos y cuando soltamos nuestras preocupaciones y dejamos que Él se ocupa de todo lo que nos aflige. Él te guiará en todos los asuntos y te guiará por el camino correcto.

"En completa paz me acuesto y me duermo, porque tú, Señor, me haces vivir tranquilo." Salmos 4:8 (PDT)

María

"¡Sólo tú me llenas de valor y me guías por el buen camino!" 2 Samuel 22:33 (TLA)

María, la madre de Jesús, fue escogida entre todas las mujeres de ese tiempo para llevar al hijo de Dios en su vientre y criarlo. ¡Qué inmenso privilegio! Pero a María no sólo le tocó llevar un ser divino en su vientre y luego criarlo como hace cualquier mujer con su bebé y derramar todo su amor sobre ese pequeño niño que va creciendo día a día.

A María también le tocó ver a su hijo morir, y morir de una manera horrorosa. Sí, fue privilegiada entre todas las mujeres, pero no fue exenta de sufrir muchísimo.

Puedes argumentar que su hijo resucitó y María sabía que estaba vivo, pero también es verdad que nuestros amados están vivos en el Cielo y no por eso dejamos de sufrir su ausencia.

Si puedes pensar que María tuvo el consuelo de que Jesús resucitó, entonces que ese mismo consuelo sea el tuyo – porque sabes que tu amado o amada está vivo en el Cielo, está perfectamente bien y pronto se reunirán para siempre.

Me podía identificar con el sufrimiento de María...podía entender el dolor como madre de ver morir a su hijo. Yo no era la única; ella lo experimentó antes.

A pocos meses de la partida de Esteban tuvimos el privilegio de visitar Florencia, Italia y cuando vi en un museo, una escultura inacabada de Miguel Ángel llamada la Piedad, quedé sumamente impactada. (La obra de mármol terminada se encuentra actualmente en la Basílica de San Pedro del Vaticano, Roma.)

La obra, a escala natural, representa el dolor de la Virgen María al sostener en sus brazos el cuerpo sin vida de su hijo Jesucristo cuando éste es bajado de la cruz.

En la figura de María podía verme a mí misma sosteniendo a mi hijo Esteban y ofreciéndole a Dios mi dolor. Yo sufrí lo mismo que la madre de Jesús. Lo pude ver como un privilegio. María fue escogida para tener el privilegio de ser la madre de Jesús. El Padre la escogió también porque sabía que iba a poder soportar el dolor.

Me identifiqué con María porque fui escogida para ser la madre de un hijo excepcional y también porque iba a poder soportar el dolor de su muerte temprana. Ese es el privilegio que me tocó a mí. Agradecí a Dios por ese privilegio.

Estos pensamientos me ayudaron a reconocer todo lo bueno de la vida de Esteban en lugar de reflexionar con tristeza su ausencia.

Tu dolor también es un privilegio porque el Padre lo escogió para ti, sabiendo que lo vas a poder soportar. No me tocó ver a un hijo partir después de una larga y dolorosa enfermedad ni que perdiera la vida injustamente ni de una forma violenta. Su aliento se esfumó tan rápidamente que casi no se dio cuenta lo que pasaba. Agradezco a Dios su muerte pacífica. Y pude agradecer a Dios por el dolor que me tocó a mí.

El Padre

"Debido a que él mismo ha pasado por sufrimientos y pruebas, puede ayudarnos cuando pasamos por pruebas." Hebreos 2:18 (NTV)

También reflexioné sobre el Padre y Su dolor al ver sufrir a Su Hijo. ¡Dios el Padre pasó por algo parecido a mí! Él también sufre.

Dios es el 'inventor' del plan de redención. Podría haber hecho que ese plan sea algo fácil pero adrede hizo que ese plan involucrara dolor y gran sufrimiento. Él tiene Sus razones. Él estuvo dispuesto a ver sufrir a Su Hijo. Jesús estuvo dispuesto a sufrir por obedecer al Padre y por amar a Sus hermanos. Jesús aceptó la cruz. Nosotros, ¿no deberíamos aceptar nuestro dolor y sufrimiento por amor a Él?

Por un momento quita tus ojos de lo terrenal y pon tus ojos en Jesús, en lo celestial, en lo eterno. Respira el aire del Cielo porque ese es tu verdadero Hogar. Lo que sufrimos tiene valor, no es sin propósito porque Dios no hace nada sin que tenga propósito. Nuestro dolor tiene valor, aunque no lo entendamos aquí en la tierra y tendremos su recompense en el Cielo.

Jesucristo conoce el peso de todos, todos, todos los pecados de la humanidad. Pero el Padre también los conoce porque son uno.

No hay dolor ni pesar ni sufrimiento que Dios no conozca porque Él conoce todas las cosas y no hay nada secreto para Él. Él se identifica con nuestro dolor porque Él ya ha estado allí antes.

Si tienes hijos sabes que los padres quieren evitar que los hijos sufran y sufren con ellos cuando pasan por dolor. Así Dios el Padre ha tenido que soportar el dolor de ver a Su amado Hijo inocente sufrir excesivamente por toda la humanidad. Por lo tanto, Él no es ajeno a tu dolor; conoce tu gran dolor y te comprende y está a tu lado para ayudarte y aliviarte.

No estoy sola en mi dolor. El Señor me ve y sabe muy bien lo que siento. Esto me consuela. Me ayuda a soportar mi dolor.

Jesús sufrió

"Si alguna vez se sienten desfallecidos y agobiados, piensen en Jesús, quien soportó pacientemente el maltrato de parte de los pecadores." Hebreos 12:3 (PDT)

No hay ningún aspecto de nuestra vida que Dios no conozca y que Jesús no haya experimentado. Jesús no fue exento de sufrir. Jesús ha sufrido un dolor físico, dolor emocional y toda clase de dolor, mucho más allá que cualquier ser humano. Y Dios ha sufrido con Él con el dolor de Padre.

¿Qué pensaba Jesús cuando estaba colgado en esa espantosa cruz? ¿Qué lo motivaba para seguir hasta la muerte y no pedir que los ángeles descendieran para salvarlo de algo tan horrendo?

En primer lugar, Jesús deseaba, sobre todo, agradar al Padre y ser obediente a Su voluntad. Así lo expresa en su oración en el Jardín de Getsemaní. Jesús siempre fue obediente a Su Padre. Obedecía voluntariamente y con gusto porque deseaba agradar al Padre – por más que la crucifixión no le atraía en absoluto.

Pero también hay otra razón y vemos la respuesta en el versículo anterior: Hebreos 12:2.

"Jesús soportó la cruz, sin hacer caso de lo vergonzoso de esa muerte, porque sabía que después del sufrimiento tendría gozo y alegría." (DHH)

Jesús soportó el dolor por amor a nosotros porque sabía que por medio de Su sacrificio doloroso podríamos compartir el Cielo con Él. Jesús estaba viendo el futuro cuando podría presentar a los redimidos, sin mancha, delante de Su Padre…presentarnos como Su trofeo, su premio por haber padecido la horrenda cruz.

El versículo 24 de Judas nos dice algo más.

"Y ahora, que toda la gloria sea para Dios, nuestro Salvador, quien es poderoso para…llevarnos sin mancha a su gloriosa presencia con gran alegría." (NTV)

La palabra en el griego original que se ha traducido "gran alegría" es *agalliao* que significa saltar de alegría, gozo en exceso.

¿Te imaginas a Jesús saltando de la gran alegría que siente porque ahora puede llevarnos con Él a compartir el Cielo? Es tan grande el gozo que Su sacrificio le ha proporcionado que no puede sino manifestarlo saltando. Uno salta de alegría sólo cuando uno recibe algo muy muy grande. Jesús soportó ser castigado en exceso porque veía más allá, veía lo que lograría su dolor.

Tu dolor también tiene una consecuencia en el futuro. Ningún dolor y sufrimiento va desapercibido y tendrá su recompensa en la eternidad.

Vi que Jesús es mi ejemplo aún del sufrimiento. Él soportó mucho dolor por mí. Ahora yo debía soportar mi dolor por amor a Él.

Que estos pensamientos te animen y alienten a soportar tu dolor y ver la situación del punto de vista de Dios.

Jesús, mi ejemplo

"Piensen en el ejemplo de Jesús. Mucha gente pecadora lo odió y lo hizo sufrir, pero él siguió adelante. Por eso, ustedes no deben rendirse ni desanimarse." Hebreos 12:3 (TLA)

Muchas veces se toman como ejemplos de la vida cristiana a Esteban y Pablo. Pero estos hombres estaban simplemente *"fijando sus ojos en Jesús"* (Hebreos 12: 2), tal como nosotros necesitamos hacer.

Jesús no es sólo el modelo supremo e inigualable del sufrimiento. Jesús es el ejemplo en todo. Él sabe todo lo que atravesamos – Él ya lo pasó también.

El sufrimiento duele.

Dios conoce tu dolor, tu confusión y la crisis que atraviesas. Tus sentimientos secretos de hoy eran conocidos por Él antes de que nacieras. Él no está ni sorprendido ni amenazado por tus dudas y temores. Te conoce y te ama y está en ti en todo momento.

En lugar de escapar de la realidad o fingir, Jesús nos llama a estar vivos y sedientos, permitiendo que la desilusión nos lleve de vuelta a Él.

El Señor te sigue hablando por medio de Su Palabra. Cuando las palabras de Jesús penetren en tu corazón, comenzarás a pensar diferente sobre tu dolor y encontrarás la fuerza para continuar. Más que eso, comenzarás a vivir realmente expectante otra vez.

El Señor se goza en ti.

"El Señor tu Dios vive en medio de ti. Él es un poderoso salvador. Se deleitará en ti con alegría. Con su amor calmará todos tus temores. Se gozará por ti con cantos de alegría." Sofonías 3:17 (NTV)

Este versículo habla de Dios y lo que siente por Sus hijos. Es uno de mis versículos favoritos porque he podido ver a un Dios muy cercano y real y que, sorprendentemente, a pesar de todas mis falencias, Él encuentra un deleite en mí.

"Se gozará por ti" - la palabra hebrea empleada en este versículo es *guwl* que significa girar (remolinear) violentamente bajo la influencia de una emoción.

¿Puedes imaginar a Dios saltando de gozo por el amor que siente por ti? Su amor no es pasivo. Su amor es intenso y apasionado y necesita expresarse de una manera exagerada. Así nuestro Dios expresa su gozo exuberante... ¡por nosotros!

No dudes nunca de Su amor. El Señor tu Dios está contigo. Él es poderoso para salvarte y librarte de todas tus angustias y preocupaciones. Él se deleita en ti. Se <u>deleita</u> en ti. Medita sobre lo que esa frase significa y percibe Su intenso amor - inmenso, infinito, incomparable - ese inmensurable amor por ti.

Su amor te da confianza...y tranquilidad en la tormenta. Su amor te calma y te tranquiliza. Su amor por ti se desborda y se expresa en canto...cantos de alegría por ti. Uno canta cuando está contento y por eso canta Dios por ti porque le traes placer y gozo.

¡¡¡¡Qué Dios que tenemos!!!!

Alabanza

"Digno eres, Señor y Dios nuestro, de recibir la gloria y el honor y el poder, porque tú creaste todas las cosas, y por tu voluntad existen y fueron creadas." Apocalipsis 4:11(LBLA)

La alabanza es la mejor arma contra cualquier cosa. La alabanza es el arma más grande contra cualquier cosa que tú enfrentas. Parece algo tan sencillo y caemos en el error de menospreciar su eficacia.

Los poderes de las tinieblas siempre tratan de contenernos y cegarnos a la verdad – no quieren que veamos o que recordemos el poder que tenemos a nuestro alcance en la alabanza...porque la alabanza libera en el ambiente el Señorío y la grandeza y la majestad de Dios y si hay algo que el enemigo odia, es eso. La alabanza trae la presencia de Dios y Su presencia hace huir al enemigo.

Hay una liberación en la atmósfera cuando alabamos. Con sólo decir Su nombre, si viene de un corazón lleno de gratitud, cambia el ambiente y nos cambia a nosotros.

No es que Dios necesite nuestra alabanza. Él no es menos Dios si no le alabamos. ¡La alabanza nos cambia a nosotros! Al alabarle sacamos nuestros ojos de nuestra carga, nuestro dolor y nos enfocamos en Él.

Y pronto descubrimos que nuestro espíritu se eleva y nos hace sentir que ya no estamos en el valle, derrotado, inútil y vencido, sino que estamos en la cima, con fuerza, con poder, vencedor y que, tomado de la mano de Dios, podremos vencer.

Yo le alabo

"Dios ha venido a salvarme. Confiaré en él y no tendré temor. El Señor Dios es mi fuerza y mi canción; él me ha dado la victoria." Isaías 12:2 (NTV)

Sabía del gran poder en la alabanza, pero yo estaba en otro mundo…un mundo de tristeza y la alabanza no era parte de él…hasta que me di cuenta de que debía usar esa arma espiritual porque era necesario. Si quería volver a vivir (realmente volver a una vida plena) debía empezar a usarla. La alabanza a mi buen Dios me sacaría del pozo de la angustia y tristeza y me pondría en las alturas junto a Él. Era otra decisión que debía tomar.

Al alabar a nuestro gran Dios estamos invitando Su poder liberador sobre nosotros y sobre aquellos a nuestro alrededor.

Al alabar y adorar a Dios, la mano del Señor se mueve sobre

nosotros para librarnos de toda tristeza y fortaleza (2 Reyes 3:15; 1 Samuel 16:23). Al ofrecer sacrificio de alabanza y agradecimiento somos liberados de toda situación adversa para poder cumplir el plan y los propósitos de Dios. Vemos en el ejemplo de Jonás (2:9-10) que no fue vomitado del gran pez sino después que haya alabado a Dios.

Dar gracias

"Den gracias al Señor, porque él es bueno; su fiel amor dura para siempre. Que lo repitan los que el Señor ha salvado; que lo alaben los que él rescató de sus enemigos." Salmo 107:1, 2 (PDT)

"Den gracias al Señor por su fiel amor, y porque él hace hasta lo imposible a favor de los seres humanos." Salmo 107: 8, 15, 21, 31 (PDT)

Lo que el salmista nos señala en este salmo es que los salvados (nosotros) debemos usar nuestra boca para agradecer y alabar a Dios por Su bondad y Su misericordia. Es un privilegio que sólo los hombres tienen – poder alabar a Su Creador por voluntad propia.

Nuestra boca puede pronunciar palabras positivas o negativas, palabras de bendición o de maldición. Nosotros mismos nos bendecimos o nos maldecimos. Lo que decimos decreta el favor de Dios o permite que el enemigo nos moleste y nos derrumbe. Por lo tanto, nuestra boca es un arma poderosa para darnos la victoria en nuestra vida. Usa el arma de alabanza, usa el arma de tu boca, habla Su palabra, habla Su alabanza.

Deja de meditar sobre esos pensamientos negativos y aunque

no tengas ni ganas ni deseos abre tu boca y empieza a alabar y agradecer a Dios. Libera tu fe de esta manera. Deja de pensar en ti y cómo te sientas y piensa que tu alabanza y gratitud es lo que más le agrada a tu amoroso Padre.

Himno de alabanza

David compuso el siguiente himno de alabanza. Léelo en voz alta y medita cada versículo, cada declaración de la majestad de Dios. Deja que las palabras te penetren y cambien tu congoja; que te eleven a los cielos donde perteneces y sanen tu dolor.

Salmo145.

"Mi Dios y rey, ¡siempre te bendeciré y alabaré tu grandeza!

Grande eres, nuestro Dios, ¡y mereces nuestras alabanzas! ¡Tanta es tu grandeza que no podemos comprenderla!

Nosotros hablaremos del poder, belleza y majestad de tus hechos maravillosos; yo pensaré mucho en ellos y los daré a conocer a mis propios hijos.

Hablaremos de tu inmensa bondad, y entre gritos de alegría diremos que eres un Dios justo.

Dios mío, tú eres tierno y bondadoso; no te enojas fácilmente, y es muy grande tu amor. Eres bueno con tu creación, y te compadeces de ella.

¡Que te alabe tu creación! ¡Que te bendiga tu pueblo fiel!

¡Que hablen de tu glorioso reino y reconozcan tu belleza

y tu poder! ¡Que anuncien tus grandes hechos para que todo el mundo los conozca!

Tu reino siempre permanecerá, pues siempre cumples tus promesas y todo lo haces con amor. Dios mío, tú levantas a los caídos y das fuerza a los cansados.

Los ojos de todos están fijos en ti; esperando que los alimentes. De buena gana abres la mano, y das de comer en abundancia a todos los seres vivos.

Dios mío, tú siempre cumples tus promesas y todo lo haces con amor.

Siempre estás cerca de los que te llaman con sinceridad.

Tú atiendes los ruegos de los que te honran; les das lo que necesitan y los pones a salvo.

Siempre estás pendiente de todos los que te aman, pero destruyes a los malvados.

¡Mis labios siempre te alabarán! ¡La humanidad entera te bendecirá ahora y siempre!" (TLA)

Él es digno

"Decid: Sálvanos, oh Dios de nuestra salvación, y júntanos y líbranos de las naciones, para que demos gracias a tu santo nombre, y nos gloriemos en tu alabanza. Bendito sea el Señor, Dios de Israel, desde la eternidad hasta la eternidad. Entonces todo el pueblo dijo: Amén; y alabó al Señor." 1 Crónicas 16:35-36 (LBLA)

Cuando actuamos en fe y le pedimos algo al Señor, el paso

siguiente es agradecerle por aquello que le pedimos y alabarle de antemano por contestar nuestras oraciones.

Lo que necesites y no tienes, alaba a Dios de antemano por ello y verás cómo se realiza.

La alabanza trae la presencia y la gloria de Dios.

Ante la presencia de Dios, los enemigos se dispersan.

Ante la presencia de Dios viene la bendición.

Ante la presencia de Dios las cosas se sacuden y cambian.

Ante la presencia de Dios hay un gozo inefable y lleno de gloria.

Ante la presencia de Dios la victoria es inevitable.

Alaba, pues, a Dios con todo tu corazón, y serás lleno de la gloria del Señor, la gloria del Señor llenará tu casa. Cambiará tu pesar por alegría.

La estrategia

"Alégrense mucho, porque estas pruebas los hacen ser partícipes con Cristo de su sufrimiento, para que tengan la inmensa alegría de ver su gloria cuando sea revelada a todo el mundo." 1 Pedro 4:13 (NTV)

Alabar a Dios es una estrategia que rompe toda barrera del diablo. Puede que esta estrategia parezca algo tonto – porque no es algo difícil.

Pero las estrategias de Dios generalmente no se miden según nuestro intelecto más bien por fe en lo absurdo. (Recuerda la historia de Naamán.)

Otros beneficios y razones por qué deberíamos alabar a Dios en nuestro tiempo de angustia:

- Alabar a Dios hace manifiesta la presencia de Dios y se lo puede sentir. Te eleva de las cenizas a las alturas donde Él reina.
- Alabar a Dios activa Su poder – Su mano se mueve a favor de nosotros por medio de nuestra alabanza y no tanto por nuestras súplicas.
- Alabar a Dios trae la llenura y el fortalecimiento del poder del Espíritu Santo.
- Alabar a Dios mantiene nuestra fe activa y fuerte.

Necesitamos ser consolados por Su misma presencia; necesitamos Su fuerza en nosotros y necesitamos fortalecer nuestra fe. Para ello hace falta una cosa muy sencilla: alabar.

Cambio

"Entre la gente había también unos fariseos, y le dijeron a Jesús: —¡Maestro, reprende a tus discípulos! Jesús les contestó: —Les aseguro que si ellos se callan, las piedras gritarán." Lucas 19:39-40 (TLA)

Toda la creación alaba a su Creador. No dejemos que la creación alabe más que nosotros que somos la mayor creación. Abramos nuestra boca para decirle cosas bellas al Señor. Es la mejor terapia para el alma atribulada y herida. La alabanza te saca del pozo de la desesperación y te eleva a las alturas, a la esfera de lo sobrenatural. La alabanza renueva tu espíritu.

Le alabamos a Él porque Él es digno (2 Crónicas 5:12-14) pero ¡el resultado lo experimentamos nosotros mismos! Cuando le rendimos homenaje a Él, esa es la llave que abre la puerta de bendiciones incontables del cielo.

Alaba, pues, a Dios con todo tu corazón. Cambiará tu luto en danza. Cambiará tu pesar por alegría. Te sacará del pozo de la desesperación para afirmar tus pies sobre una roca, un lugar seguro.

Que te bendigan las palabras de Salmo 30:

"Señor, tú me sacaste del lugar de la muerte; estaba al borde de la tumba y me diste vida. Por la noche hubo llanto, pero al amanecer hubo canto. Te pedí ayuda; Entonces tú cambiaste mi tristeza en baile. Me quitaste el luto y me vestiste de alegría. Que todo mi ser te alabe, te alabaré por siempre, Señor." (3, 5, 8, 11, 12 - PDT)

Fe

"Él ha saciado al alma sedienta, y ha llenado de bienes al alma hambrienta." Salmos 107:9(LBLA)

Alabar y agradecer a Dios, en fe, como así también declarar la misma Palabra, es la mayor clase de fe que podemos expresar a Dios.

Lee en voz alta el siguiente pasaje.

"Que el Cielo se alegre; que la tierra se ponga contenta. Que todo el mundo diga: «¡El Señor es nuestro rey!»

Que griten de alegría el mar y todo lo que hay en él; que

estén felices los campos y todo lo que crece en ellos.

Que los árboles del bosque canten de alegría ante el Señor, porque él viene a gobernar el mundo.

Den gracias al Señor, porque él es bueno; su fiel amor durará por siempre.

Pidámosle: «Sálvanos, Dios nuestro, reúnenos y sálvanos de entre las naciones para agradecer a tu santo nombre y alabarte con orgullo».

Bendito sea el Señor, Dios de Israel, que siempre ha vivido y siempre vivirá.

Entonces todo el pueblo dijo: «Así sea», y alabaron al Señor." 1 Crónicas 16:31-36 (PDT)

Medita sobre la grandeza de Dios, Rey y Creador de todo el universo. Su creación le alaba por Su infinita bondad y Su amor que no se puede medir. ¡Cuánto más nosotros debemos alabarle!

Vencedor

"Dios nuestro Padre es bueno; por eso nos ha amado, y nos ha dado el consuelo eterno y la seguridad de que seremos salvos. A él y a nuestro Señor Jesucristo les pido que les den ánimo y fuerzas, para que siempre digan y hagan lo bueno." 2 Tesalonicenses 2:16, 17 (TLA)

La alabanza levanta nuestros ojos del campo de sufrimiento a la victoria, porque Cristo ya es el Vencedor, y tenemos al Vencedor en el corazón para que obtengamos siempre Su victoria.

Es interesante ver que lo contrario de la alabanza es la culpa. ¿Podría ser que cuando no lo alabamos estamos enojados con Dios y lo culpamos por esa situación en nuestra vida? Y la culpa va acompañada de la queja cuyo contenido son palabras negativas. Los pensamientos y las palabras negativas no vienen de Dios y no nos edifican, por lo tanto, huye de ellas.

Cambia siempre lo negativo por algún pensamiento o palabra positiva para ser edificado y sostenido. No alejes la presencia de Dios con tu negatividad. Recuerda que Jesús no pudo realizar ningún milagro o sanidad en Nazareth por la falta de fe de la gente – porque ellos sólo tenían pensamientos negativos. ¡Y no recibieron lo que pudo haber sido la mayor bendición de sus vidas!

Sueños

"Por ser hijos de Dios recibiremos las bendiciones que Dios tiene para su pueblo. Dios nos dará todo lo que le ha dado a Cristo, pero también tenemos que sufrir con él para compartir su gloria." Romanos 8:17 (PDT)

Dios no es deudor de nadie. Él no nos debe nada; más bien nos da más de lo que merecemos. Nunca podremos darle a Él más de lo que Él nos da a nosotros.

Otra cosa que fue de ayuda en este tiempo de dolor fue soñar con Esteban. Tuve varios sueños…todos buenos…algunos muy reales. Cada uno de esos sueños me dio alegría por sentir a mi hijo más cerca y aún parte de mi vida.

Algo tal vez significativo es que en la mayoría se los sueños, al verlo, le preguntaba donde había estado – como que había regresado después de una ausencia.

Dios habla a través de los sueños y puede ser algo muy beneficioso y significativo para ti. Pídele al Padre que te dé sueños de tu amado. El Padre nos da más de lo que le pedimos y nos da todo lo que nos hace falta.

Tatuaje

"Yo he creado la luz y la oscuridad; yo hago el bien y envío la

desgracia. Yo soy el único Dios, y sólo yo hago todo esto". Isaías 45:7 (TLA)

Este versículo nos muestra que Dios está en control de todo lo que sucede. Dios es absolutamente bueno y no tiene absolutamente nada de maldad; nada escapa a Dios – Él lo sabe todo y todo está bajo Su control. Esto nos debe dar gran seguridad y consuelo. Él sabe todo lo que me pasa y todo lo que siento. Y por Su gran amor y Su poder soberano. No podemos esperar respuestas a ¿por qué? O ¿para qué? Dios es soberano y si no ha contestado esas preguntas es porque no es necesario que lo sepa. Sencillamente debo confiar en que Él sí sabe lo que hace y ha hecho lo mejor. Mi vida aún está en la palma de su mano, nada se le escapa.

Por ello, no te atormentes, descansa tu espíritu atribulado y confía en Él. Las palabras son fáciles, pero llegar a realmente confiar y recibir Su paz puede llevar un proceso. Lo maravilloso es que Él está contigo para que lo logres. Él desea que estés en paz.

"Yo te llevo grabada como un tatuaje en mis manos." Isaías 49:16 (TLA)

Dios tiene mi nombre grabado en la palma de Su mano. Dios tiene tu nombre grabado en la palma de Su mano. Siempre te tiene presente porque siempre ve tu nombre y no te puede olvidar. Estás delante de Él continuamente porque te ama y desea colmarte de bienestar.

A prueba

"Él sabe la clase de hombre que soy yo. Me ha puesto a prueba y saldré tan puro como el oro." Job 23:10 (PDT)

Es fácil decir que uno tiene fe. Pero recién cuando estamos bajo presión y pasando por una situación difícil comprobamos nuestra propia fe.

Una de las razones fundamentales por la cual Dios permite el sufrimiento es para probar nuestra fe.

Dios sabe perfectamente lo que hay en nuestro corazón, pero muchas veces nosotros necesitamos saberlo. Él nos pone a prueba para que sepamos nosotros mismos lo que hay en nuestro corazón.

Es en tiempo de gran angustia y aflicción que aprendemos mucho acerca de nosotros mismos…a la vez que comprobamos Su fidelidad.

Lo más difícil para Job no fue tanto lo que perdió sino el silencio de Dios cuando su estado físico era una tortura y debía esperar día tras día sin saber el por qué. Job se dispuso no dudar de su Creador.

Dios permitió que Job fuera probado severamente porque sabía que saldría aprobado. Conocía el corazón de Job. Job no dudaba que su vida era íntegra y aceptable a Dios. Sabía que Dios lo estaba probando y quería salir aprobado y para ello, debía ser purificado como el oro en el fuego del refinador.

Job es nuestro ejemplo. Su actitud es digna de imitar.

Nueva comprensión

"Aunque tengas graves problemas, yo siempre estaré contigo; cruzarás ríos y no te ahogarás, caminarás en el fuego y no te quemarás." Isaías 43:2 (TLA)

John MacArthur escribe:

> "Durante un tiempo particular de prueba o sufrimiento, Dios puede parecer distante o desinteresado en nuestra difícil situación. Eso es porque nuestras emociones humanas pueden anular la confianza en la verdad de Dios, y podemos llegar a creer que ningún resultado para nuestra situación actual es deseable para nosotros.
>
> Job, por otro lado, nos mostró una resistencia y paciencia, y un deseo por confiar en Dios y aprender las lecciones que Su propósito soberano desea que aprendamos. Fue esa misma confianza la que lo hizo glorificar a Dios al concluir su tiempo de sufrimiento.
>
> *"Sé que tú puedes hacer lo que quieras, y que no se puede detener ninguno de tus planes. ¿Quién soy yo para dudar de tu providencia, mostrando así mi ignorancia? Yo estaba hablando de cosas que no entiendo, cosas tan*

maravillosas que no las puedo comprender.

Hasta ahora, sólo de oídas te conocía, pero ahora te veo con mis propios ojos. Por eso me retracto arrepentido, sentado en el polvo y la ceniza." Job 42:1-6 (DHH)

Como resultado de la paciencia y la confianza inquebrantable durante su larga prueba, Job obtuvo una nueva comprensión de su Dios soberano y una mayor seguridad de las alegrías de ser tratado como uno de Sus hijos."

"Confía al Señor todas tus preocupaciones, porque él cuidará de ti; él nunca permitirá que el justo quede derribado para siempre." Salmos 55:22 (PDT)

Pruebas

"Te acordarás de todo el camino por donde te ha traído Jehová tu Dios estos cuarenta años en el desierto, para afligirte, para probarte, para saber lo que había en tu corazón, si habías de guardar o no sus mandamientos." Deuteronomio 8:2

Hay un propósito en las aflicciones y Moisés le aclara este punto muy importante al pueblo en el desierto.

2 Crónicas 32:31 resume las pruebas que el Señor le dio a Ezequías al afirmar que el propósito era que *"él pudiera conocer todo lo que estaba en su corazón"*.

Dios permite las duras pruebas, no para quitar de nosotros sino para agregar. Dios no es vengativo para castigarnos con un mal si nuestras acciones no son correctas. Dios siempre quiere darnos el bien y darnos más.

Si podemos soportar el sufrimiento y ser aprobados, seremos más fuertes, tendremos más fe y más confianza en Dios y sin duda más aún, según lo que quiera darnos el Señor.

Las pruebas que Dios permite en nuestra vida siempre tendrán como fin algo bueno. Él no se goza en quitarnos algo que amamos; Él se identifica con nuestro dolor, y usará ese dolor para que aprendamos lecciones invaluables que nos beneficiarán a nosotros mismos como también a otros.

Primer amor

"Si alguien viene a mí pero pone en primer lugar a su padre, a su madre, a su esposa, a sus hijos, a sus hermanos y hermanas, no puede ser mi seguidor. El que me siga tiene que entregar hasta su propia vida." Lucas 14:26 (PDT)

John MacArthur nos enseña:

> "Dios también usa pruebas y sufrimientos para el propósito muy importante de mostrarnos lo que realmente amamos. Eso era parte de las pruebas del Señor para Abraham en Moriah. La gran pregunta que Abraham tuvo que responder fue: ¿Amas a tu hijo Isaac más que a Dios, o amas a Dios más que a Isaac? En esa situación la respuesta fue crucial porque Dios estaba dispuesto a quitar a Isaac de la vida de Abraham si eso hubiera hecho que Él tuviera el primer lugar en la vida de Abraham.
>
> El Señor también nos pone a prueba para mostrarnos el objeto de nuestro primer amor, para mostrarnos lo que hay en nuestro corazón, para comprobar si Él tiene el primer lugar. (Dt. 13: 3; 6: 5; Mt. 22: 36-38 – *"Maestro,*

¿cuál es el mandamiento más importante de todos? Jesús le respondió: — El primer mandamiento, y el más importante, es el que dice así: "Ama a tu Dios con todo lo que piensas y con todo lo que eres.")

Su declaración es extremadamente dura. Pero Jesús no estaba diciendo que deberías odiar a todos, incluyendo a ti mismo; estaba diciendo que los creyentes deben amar tanto a Dios y a Cristo que, en comparación, parecen odiarse a sí mismos y a sus familias. Si los cristianos no están dispuestos a poner incluso sus intereses más cercanos muy por debajo de los intereses de Cristo, que revela su falta de amor supremo a Dios, no son dignos de ser llamados discípulos de Cristo.

Por lo tanto, si quieres ser completamente obediente a Cristo, habrá momentos en los que necesitas apartar todas y cada una de las apelaciones de los miembros de la familia que te impedirían darle prioridad a Él. Dios podría pedirte que tomes las decisiones más difíciles para probar tu lealtad. Él quiere que pases la prueba, tal como lo hizo Abraham, y por lo tanto demostrar que Él es tu primer amor."

Una lección de fe

"El Señor su Dios quiere ponerlos a prueba para saber si ustedes lo aman con todo su corazón y con toda su alma." Deuteronomio 13:3 (DHH)

A Abraham también le tocó una prueba insólita, tal vez la más difícil de todas.

Lo que Dios le pidió no encajaba en la teología de Abraham en absoluto. Seguramente provocó una serie de preguntas para Dios, tales como:

- ¿Por qué exigirías un sacrificio humano cuando nunca has pedido tal cosa pagana antes? (Era la antítesis de todo lo que Abraham sabía que era verdadero acerca de Dios)
- ¿Por qué irías tan lejos para permitir que un matrimonio de avanzada edad tengan un hijo para luego pedir que maten a ese hijo?
- ¿Por qué me prometes que seré el padre de muchas naciones, con gente numerada como las arenas del mar y las estrellas del cielo, y luego pedir que el hijo de la promesa sea matado, imposibilitando que se cumpla esa promesa?

La idea era absolutamente inconcebible. Fue una prueba que no tuvo sentido -no en términos de la naturaleza de Dios, Su plan de redención, Su Palabra, y Su amor por Isaac. Una cosa es ver morir a un ser querido; pero es muy distinto pedir que se mate a esa persona.

Abraham reveló una increíble fe en esta situación. Obedeció a Dios inmediatamente, sin ninguna pregunta o argumento y expresó la confianza tranquila, en primer lugar, que él e Isaac regresaría y segundo, que Dios proveería un sacrificio para el holocausto.

Esos hechos sugieren que en lo profundo de su corazón Abraham sabía que la acción de Dios iba a ser consistente con Su carácter y pacto, aunque no pudo haber sabido específicamente cómo.

¡Pero Dios ya sabía cómo respondería Abraham! Dios conocía lo que había en el corazón de Abraham y su completa obediencia. Y Él ya sabe lo que hay en tu corazón y sabe que puedes sobreponerte y salir aprobado.

"La fe de ustedes es como el oro: su calidad debe ser probada por medio del fuego. La fe que resiste la prueba vale mucho más que el oro, el cual se puede destruir.

De manera que la fe de ustedes, al ser así probada, merecerá aprobación, gloria y honor cuando Jesucristo aparezca." 1 Pedro 1:7 (DHH)

Quizás el resultado positivo más grande que puede venir del sufrimiento es un nuevo sentido de gozosa confianza de que nuestra fe es genuina.

Las pruebas y sufrimientos prueban nuestra fe. Cuando perseveramos con éxito en el período de sufrimiento, Dios nos afirma la fuerza de nuestra fe salvadora.

José, mi esposo, da testimonio de nuestra experiencia y afirma:

> Hay un sentimiento sobrenatural que no podemos explicar. Hemos llegado al punto de experimentar Su paz sobrenatural que llena nuestro corazón. Es la perfecta paz que gobierna nuestra mente y corazón. ¡Es del Cielo, es en el Espíritu, viene del Padre y es perfecta!
>
> Tan perfecta es que podemos sentir gozo en el dolor. Sólo el que tiene el Espíritu Santo puede entenderlo, otros nunca entenderán que es posible estar felices y seguros ante la pérdida, el sufrimiento y el dolor.
>
> ¡Qué privilegiados somos de ser hijos de Dios! Sólo en Él hay victoria, paz, consolación y gozo.

Una lección de humildad

"Dios me ha contestado: «Mi amor es todo lo que necesitas. Mi poder se muestra en la debilidad.» Por eso, prefiero sentirme orgulloso de mi debilidad, para que el poder de Cristo se muestre en mí. Me alegro de ser débil, de ser insultado y perseguido, y de tener necesidades y dificultades por ser fiel a Cristo. Pues lo que me hace fuerte es reconocer que soy débil."
2 Corintios 12:9-10 (TLA)

También Dios usa el sufrimiento para que *"ninguno se crea mejor de lo que realmente es."* (Romanos12:3)

Pablo experimentó revelaciones sobrenaturales y fácilmente podría haber pensado altamente de sí mismo y ser arrogante. Para preservar la humildad de Pablo, Dios literalmente lo golpeó con un problema físico doloroso y crónico (*"un mensajero de Satanás"*).

La naturaleza precisa del problema no era tan importante como la lección que debía aprender Pablo, y nosotros. Cuando somos bendecidos en lugares de servicio espiritual, a veces Dios considera necesario permitir que los mensajeros de Satanás nos golpeen para mantenernos humildes.

Tales contratiempos nos recuerdan que no tenemos fuerza en nosotros mismos y Él es el que nos capacita para ministrar. El poder de Dios es liberado a través de esa debilidad. Cuando estamos sin fuerzas, tenemos que descansar en la Suya.

"Él nunca olvida a los humildes cuando están sufriendo. Él no se esconde de ellos cuando le buscan y siempre responde a su llamado." Salmos 22:24 (PDT)

Desarrollo y crecimiento

"Amados hermanos, cuando tengan que enfrentar cualquier tipo de problemas, considérenlo como un tiempo para alegrarse mucho porque ustedes saben que, siempre que se pone a prueba la fe, la constancia tiene una oportunidad para desarrollarse. Así que dejen que crezca, pues una vez que su constancia se haya desarrollado plenamente, serán perfectos y completos, y no les faltará nada." Santiago 1:2-4 (NTV)

Creo que Dios permite las pruebas y los sufrimientos para fortalecernos y capacitarnos para un mayor servicio.

El Puritano Thomas Manton dijo una vez: "Mientras todas las cosas son tranquilas y cómodas, vivimos por el sentido más que por la fe. Pero el valor de un soldado nunca se conoce en tiempos de paz".

Dios nos coloca en situaciones difíciles de la vida para pulirnos y ayudarnos a crecer.

Dios es soberano y usa todos estos propósitos valiosos dentro del alcance de Su plan más grande para nosotros.

Una perla preciosa

"El Señor se sentará como un refinador de plata y quemará la escoria. Purificará a los levitas, refinándolos como el oro y la plata, para que vuelvan a ofrecer sacrificios aceptables al Señor." Malaquías 3:3 (NTV)

El Señor se sienta, porque no tiene prisa y toma Su tiempo para refinarnos y echar todas las impurezas. Nos quiere purificar y hacernos perfectos – hacer de nosotros un sacrificio aceptable –

para que podamos tener una relación más cercana con Él y servirle mejor.

El proceso de refinamiento es a través de un horno de fuego de gran calor. No es un proceso fácil, más bien implica mucho dolor.

El Señor se agrada de poder refinarnos y moldearnos a Su imagen. No es un proceso agradable para nosotros – ni mucho menos – involucra sacrificio, dolor, quebranto etc. pero Dios ve más allá y ve el resultado hermoso…ve la bellísima perla dentro de la concha sin atractivo.

Nuestra parte es aceptar ese dolor dentro de los propósitos de Dios y dejar que Su bella obra se manifieste en nosotros en Su tiempo.

El desierto

"Pero en su angustia clamaron al Señor, y él los libró de la aflicción. Después los puso en el buen camino hacia una ciudad donde vivir. Den gracias al Señor por su amor, ¡por lo que hace en favor de los hombres! Pues él apaga la sed del sediento y da abundante comida al hambriento." Salmo 107:6-9 (DHH)

¿Por qué son necesarios los tiempos en el desierto en nuestra relación con Dios? ¿Por qué Dios parece estar ausente cuando más lo necesitamos?

Dudamos de Dios, perdemos la esperanza, perdemos la confianza, perdemos la fe. Queremos que Dios diga "¡suficiente!". Sin embargo, Él elige el silencio. No nos gusta el silencio en absoluto. Descubrimos el enojo. Exigimos respuestas. Buscamos explicaciones. Queremos encontrar el responsable. Y cuando no podemos encontrar esa persona a quien culpar, culpamos a Dios, por su aparente silencio, si no más.

Como Marta y María decimos: "Señor, si hubieras estado aquí, mi hermano no habría muerto. ¿Cómo pudiste dejar que esto sucediera? ¿Dónde has estado? Me has roto el corazón. ¡Esto no puede pasarme a mí!"

Las hermanas sabían que Jesús pudo haber evitado la muerte de Lázaro y lo estaban culpando a Jesús. (¡Estaban desafiando a su Señor!).

Pero Jesús demoró Su llegada a propósito. El silencio de Dios no es sin propósito. Nuestro deber es seguir confiando cuando no entendemos.

Si recordamos los hombres de Dios, ¡cuánto tiempo de silencio tuvieron que soportar!

- Noé – cien años esperando la lluvia
- José – 12 años en la cárcel sin respuesta favorable
- Moisés – 40 años en el desierto sin ninguna palabra
- David – años sin ser proclamado rey
- Job – esperó muchos días atormentado por dolor, esperando la respuesta de Dios. Cada día habrá sido una espera interminable para él.

Esa espera está dentro de los planes de Dios y logra Sus propósitos. Dios nunca llega tarde.

Los principios espirituales son muchas veces una paradoja (por ejemplo: el último será el primero) y Dios se envuelve en misterio (porque no tenemos las respuestas). Lo grandioso es que, aunque Dios se esconde, al mismo tiempo anhela ser conocido por nosotros y estar en un lugar único de nuestro corazón como si fuese Él nuestro único amor.

Cuando el silencio termina, llega algo muy especial – ese 'tesoro' deseado. Pero nuestra actitud durante esa espera es fundamental porque es un tiempo de entender muchas cosas importantes.

Esperar sin aparentemente hacer nada no es nada fácil, pero sin lugar a duda es un buen lugar porque aprendemos cosas directamente del corazón del Padre.

Mira las aves del cielo

Tu vida no es un accidente. Si aún tienes vida, no estás aquí por casualidad. Dios te puso aquí con un propósito. Él no comete errores. Tu vida tiene un significado profundo. Tú eres único. Si tiene cuidado de las aves pequeñas, Él tiene cuidado de ti.

Medita sobre los siguientes versículos y comprende el amor infinito de Dios por ti.

> *"Miren a los cuervos: no siembran ni cosechan, ni tienen graneros para guardar las semillas. Sin embargo, Dios les da de comer. ¡Recuerden que ustedes son más importantes que las aves!*
>
> *¿Creen ustedes que por preocuparse mucho vivirán un día más? Si ni siquiera esto pueden conseguir, ¿por qué se preocupan por lo demás?*
>
> *Aprendan de las flores del campo: no trabajan para hacerse sus vestidos y, sin embargo, les aseguro que ni el*

rey Salomón, con todas sus riquezas, se vistió tan bien como ellas.

Si Dios hace tan hermosas a las flores, que viven tan poco tiempo, ¿no hará mucho más por ustedes? ¡Veo que todavía no han aprendido a confiar en Dios!

No se desesperen preguntándose qué van a comer, o qué van a beber. Sólo quienes no conocen a Dios se preocupan por eso. Dios, el Padre de ustedes, sabe que todo eso lo necesitan." Lucas 12:24-30 (TLA)

Lázaro

"Puede fallarme la salud y debilitarse mi espíritu, pero Dios sigue siendo la fuerza de mi corazón; él es mío para siempre." Salmo 73:26 (NTV)

Cuando Jesús recibió la noticia de la enfermedad de su amigo Lázaro hizo algo inesperado: no hizo nada. En lugar de ir a socorrerlo inmediatamente se quedó en el lugar otros dos días.

Y a María y Marta les tocó esperar…y esperar. Ellas no sabían lo que iba a suceder, no tenían idea y no podían entender porque Jesús, que había sanado a tantos, no vendría urgentemente a sanar a su mejor amigo. Jesús tenía un plan mejor.

Esperar en el Señor puede ser agotador. Y puede llevar a estar ofendido. Pero Dios siempre aguarda el tiempo perfecto. Para no estar ofendido con el Señor recuerda que Él exige todo, y ha prometido sufrimiento y tribulación junto con la bendición y la vida eterna.

Marta tenía tres razones para ofenderse por su Señor. Primero,

Jesús no llegó a tiempo para sanar a Lázaro.

Segundo, las palabras de Jesús al mensajero fácilmente podrían haber sido interpretadas para significar que Lázaro no moriría.

Tercero, Jesús no se presentó al funeral de Lázaro.

Descubrirás cuán real es tu relación con Jesucristo cuando hieren tus sentimientos. Puedes ser el orador más grande, el más grande adorador o el más grande evangelista, pero cuando tus sentimientos son heridos, lo que hagas en ese momento y después, revelará la realidad de tu relación con Jesús.

La gente tiene una de dos reacciones cuando sus sentimientos se lastiman: o tratan con ellos ante el Señor o destruyen a otros.

A nosotros también nos toca esperar y debemos confiar que Dios tiene un plan y que resultará para bien.

Pensaron que Jesús llegó tarde. Pero era necesario esperar. A todos nos toca esperar, y esperar.

Cuando no sabes cómo se resolverá la situación, ¡qué difícil es esperar! Pero Dios sigue allí, con nosotros en esa espera. Él sabe: Él está en control. ¿Cuál será nuestra actitud?

María y Marta

El capítulo 11 del evangelio de Juan encontramos tantas lecciones para el alma que sufre. Lee el pasaje y deja que el Espíritu Santo te hable y te unja con su bálsamo de sanidad.

Como hizo María, corre tú hacia Jesús...cae a Sus pies...llora...y cuéntale cómo te sientes.

"Señor, pensé que estábamos cerca y que eras mi amigo. ¿Cómo puedes permitir que esto suceda? ¿Dónde has estado?"

"Señor, si sólo hubieras intervenido, entonces [llena el espacio en blanco] no habría sucedido". "Señor, si solo hubieras..." ¿Alguna vez te has lamentado de un evento de esta manera?

Ed Underwood pregunta:

> "¿Puedes identificarte con María llorando así al Señor? "Señor, ¡podrías haber evitado esto! Nunca dejaría que esto le pase a nadie que yo amara, especialmente a mi hijo. ¿Cómo puedes decirme que mi Padre celestial me ama como Su hijo? No soy Su hija; si lo fuera, habrías aparecido antes. ¡No habrías roto mi corazón!"

Toma nota. Jesús rara vez responde a nivel humano o de una manera que se ajusta a las expectativas humanas. Pero Él siempre actúa de acuerdo con el reloj de su Padre.

Si bien el retraso de Jesús parece frío e insensible a primera vista, fue simplemente una respuesta a la dirección del Padre en lugar de una respuesta a la presión humana para satisfacer una necesidad externa.

Dios conoce tu confusión y tu dilema. Él es consciente de tus palabras antes de que salgan de tu boca. Tus sentimientos secretos hoy fueron conocidos por Él antes de que nacieras. Él no está sorprendido ni amenazado por tus dudas y miedos. Su amor no te ha dejado ir, sino que te prepara dándote lecciones en la fe. Y todo el tiempo, Jesús amaba a Lázaro, María y Marta y los consideró como sus amigos. Ten esto en cuenta la próxima vez que te enfermes, pierdas a un ser querido o enfrentes una crisis o tragedia. El Señor permite que cosas dolorosas sucedan a aquellos a quienes ama. Él permite que la tragedia suceda a

Sus amigos. Sin embargo, Él te ama mientras estás enfermo.

Piensa en esto: Jesús permitió que Lázaro sufriera una enfermedad. Permitió que María y Marta experimentaran la agonía de ver que la vida de su hermano se apagara. Peor aún, Jesús permitió que Lázaro muriera. Y al hacerlo, permitió que dos preciosas mujeres perdieran a su único hermano.

Gozo

"Por eso, aun cuando por algún tiempo tengan que pasar por muchos problemas y dificultades, ¡alégrense! La confianza que ustedes tienen en Dios es como el oro: así como la calidad del oro se pone a prueba con el fuego, la confianza que ustedes tienen en Dios se pone a prueba con los problemas.

Si ustedes pasan la prueba, su confianza será más valiosa que el oro, pues el oro se puede destruir. Así, cuando Jesucristo aparezca, hablará bien de la confianza que ustedes tienen en Dios, porque una confianza que ha pasado por tantas pruebas merece ser alabada." 1 Pedro 1:6-7 (TLA)

John MacArthur escribe:

> "El verdadero gozo no viene a un precio barato ni como una emoción fugaz y superficial. El verdadero gozo se experimenta por factores mucho más profundos que las circunstancias que producen la felicidad superficial. Los cristianos que luchan a través de las circunstancias negativas de la vida, tambaleando en la duda y la consternación, han olvidado que el gozo genuino les espera por la confianza de que sus vidas están ocultas con Cristo en Dios. En la providencia de Dios, ese gozo y

seguridad pueden ser más fuertes en un tiempo de sufrimiento."

El gozo espiritual proviene de una relación con Dios, nunca de una alegría temporal (felicidad pasajera) que es el resultado de otras relaciones.

Me alegró descubrir que el gozo podía morar en mi corazón al lado de la tristeza. Mi felicidad jamás disminuiría mi pérdida o sería una traición al amor por mi hijo, sino más bien, al encontrar el gozo en el ministerio esto era evidencia de que yo era totalmente capaz de permitir que mi vida -aunque débil y quebrantada, sirviera a otros y fuera un testimonio del poder sanador de Dios.

El Cielo

"Bendito sea el Dios...quien nos tuvo gran compasión y nos hizo nacer de nuevo por la resurrección de Jesucristo. Así nos dio la plena esperanza de recibir una herencia que tiene guardada para nosotros en el cielo; herencia que no se arruina, ni se destruye, ni pierde su valor." 1 Pedro 1:3-4 (PDT)

Pedro nos asegura que el sufrimiento es ciertamente positivo porque está íntegramente ligado a nuestra herencia que es el Cielo –el lugar donde pasaremos la eternidad. Nuestro paso por la Tierra es pasajero pero el Cielo es nuestro verdadero hogar.

Jesús habló mucho sobre el Cielo. Él no enseñó sobre el Cielo como un lugar teológicamente abstracto, sino que lo describió como Su hogar, una realidad. Su Padre está en este lugar (Lucas 10:21), donde todo es exactamente como Él lo quiere (Mateo 6:10).

Animó a Sus seguidores a invertir allí (vv. 19-21). Él vino de allí (Juan 3:13) y anhelaba regresar.

Y prometió llevar allí a Sus seguidores para vivir con Él y recibir una vivienda especialmente preparada (14: 1-3).

Siempre que hemos soportado un período de sufrimiento o prueba, tiende a hacernos anhelar nuestra herencia eterna. El Cielo parece más cercano si una persona amada nos anticipa.

Nada en esta vida puede quitar nuestra herencia eterna en la gloria del Cielo. Ya tenemos una reserva hecha en el Cielo para nosotros. La reserva fue hecha por Dios, fue comprada por Jesucristo y ahora está garantizada por el Espíritu Santo.

Cuando partió Esteban pude entender que tenemos una sola vida y que el Cielo es la continuación de nuestra vida que empieza aquí en la Tierra.

En el Cielo seremos las mismas personas y reconoceremos a nuestros amados. El Cielo es el lugar de nuestro reencuentro y cada día que pasa es un día menos en esa espera de estar juntos nuevamente.

Lo eterno

"Así que, cuando tengamos alguna necesidad, acerquémonos con confianza al trono de Dios. Él nos ayudará, porque es bueno y nos ama." Hebreos 4:16 (TLA)

Tal vez el sufrimiento de la muerte de un ser querido es aumentado por tener una perspectiva de la vida y la muerte equivocada.

La vida verdadera está en el Cielo…no en la Tierra. Nuestra vida aquí es temporal. Después que un ser querido haya partido para reunirse con su Creador pasará un tiempo corto antes de que se reúna nuevamente con los que quedaron en la Tierra. Digo un tiempo corto porque ese lapso de tiempo difícilmente será más de 100 años y 100 años comparado con la eternidad no es absolutamente nada.

La manera correcta de pensar es que esa persona amada se nos ha adelantado y que en breve nos reuniremos con él. La persona que ha partido está perfectamente bien y no sufre. Nosotros sufrimos por su ausencia. Sufrimos porque pensamos en nuestro dolor, en nuestra pérdida, en la ausencia de esa persona que nos hace falta.

Es más difícil aceptar una muerte o reconciliarse con la idea de que alguien ya no está en la Tierra cuando esa muerte ha sido inesperada y antes de tiempo, por ejemplo, en el caso de los niños, los adolescentes, los jóvenes, por un accidente o por un asesinato – cuando esa muerte parece injusta y antes de tiempo.

Nadie tiene la respuesta en esos casos. No podemos entender el por qué Dios lo haya permitido, pero sí sabemos que todo lo que hace Dios tiene sentido y Él siempre tiene un plan bueno, aunque no lo entendamos. Dios es bueno y quiere cosas buenas para Sus hijos. Si podemos poner nuestro enfoque en lo eterno creo que puede aliviar ese dolor. Mirar la situación de la perspectiva de Dios. Él ha decidido llevar a la persona amada y nos toca un tiempo de espera hasta poder reunirnos nuevamente con él. El dolor de esa ausencia no se puede comparar con la gran dicha que nos espera al estar juntos, luego, por toda la eternidad.

Piensa y medita sobre la perspectiva de Dios quien ahora

disfruta de la compañía de tu ser amado.

En la Tierra

"Es mejor que acumulen riquezas en el cielo. Allí nada se echa a perder ni la polilla lo destruye. Tampoco los ladrones pueden entrar y robar." Mateo 6:20 (TLA)

El dolor no sólo nos hace anhelar el Cielo, sino que nuestra perspectiva de nuestra vida en la Tierra muchas veces pasa por un cambio.

Cuando perdemos algo tan valioso como la vida de un ser amado entendemos que las cosas materiales ya no son de tanta importancia. Podemos vivir realmente con menos porque lo material es pasajero.

Nuestra perspectiva de lo que realmente es de valor cambia. Vemos la vida como si fuera por otros ojos. Ante la pérdida de un ser amado, perder algo material no es de relevancia.

Llegamos a entender mejor 1 Timoteo 6:8 que dice: *"Si tenemos qué comer y con qué vestirnos, ya nos podemos dar por satisfechos."* (DHH)

Cuando nuestros ojos están en las cosas espirituales y las cosas del Cielo vemos que las cosas terrenales no siempre son tan importantes como creíamos y lo que nos debe motivar es hacer tesoros en el Cielo y no acumular tesoros pasajeros en la Tierra.

El libro de Colosenses nos aconseja: *"Dios les dio nueva vida...dediquen toda su vida a hacer lo que a Dios le agrada. Piensen en las cosas del cielo. No piensen en las cosas de este mundo. Pues ustedes ya han muerto para el mundo, y ahora,*

Dios les ha dado la vida verdadera." 3:1-4 (TLA)

Cuando Dios envía ciertas pruebas o sufrimientos a nuestras vidas, comprobamos que las posesiones mundanas y la experiencia temporal son cada vez menos importantes para nosotros a medida que nos acercamos a Él.

Una ilustración

"Él secará sus lágrimas, y no morirán jamás. Tampoco volverán a llorar, ni a lamentarse, ni sentirán ningún dolor, porque lo que antes existía ha dejado de existir." Apocalipsis 21:4 (TLA)

La respuesta del creyente a las pruebas se puede comparar a viajar en un tren. Imagina que estás en un tren que pasa por las montañas. En el lado izquierdo el tren está pasando muy cerca de una alta montaña y todo lo que puedes ver es una sombra oscura. A la derecha, el tren pasa por una magnífica vista de valles, prados, arroyos y lagos, que se extiende hasta donde puede ver el ojo.

Algunas personas en este tren, al igual que algunos en la vida, sólo miran el lado izquierdo - a la montaña oscura. Pero algunos optarán por mirar a la derecha y tomar ventaja de otros paisajes espléndidos y edificantes.

Demasiado a menudo los creyentes eligen centrarse en lo negativo de sus circunstancias y los momentos oscuros de sus tiempos de prueba y sufrimiento. Primero se concentran en lo negativo mientras el tren está en el túnel de dificultad. Pero agravando su dolor, siguen mirando a las sombras de las montañas de su camino después de que el tren ha dejado el túnel detrás. Al hacer esto, esos cristianos pierden el gozo que es suyo si sólo miraran a la certeza de su eterna herencia en Cristo.

Una vez más, se trata simplemente de tomar una decisión - de mirar hacia el futuro. Uno mismo elige.

Unidos por el sufrimiento

Hoy Dios quiere decirte que no estás solo/sola.

Dios tiene la capacidad de sentir tu dolor, y eso lo mueve a consolarte. Quizás pienses que Dios no puede entenderte porque no pasó por tus mismos problemas, pero lee con atención lo que dice Isaías 53, hablando del mismo Jesús:

"El Señor quiso que su siervo creciera como planta tierna que hunde sus raíces en la tierra seca.

No tenía belleza ni esplendor, su aspecto no tenía nada atrayente; los hombres lo despreciaban y lo rechazaban.

Era un hombre lleno de dolor, acostumbrado al sufrimiento.

Como a alguien que no merece ser visto, lo despreciamos, no lo tuvimos en cuenta.

Y sin embargo él estaba cargado con nuestros sufrimientos, estaba soportando nuestros propios dolores.

Nosotros pensamos que Dios lo había herido, que lo había castigado y humillado.

Pero fue traspasado a causa de nuestra rebeldía, fue

atormentado a causa de nuestras maldades; el castigo que sufrió nos trajo la paz, por sus heridas alcanzamos la salud.

Todos nosotros nos perdimos como ovejas, siguiendo cada uno su propio camino, pero el Señor cargó sobre él la maldad de todos nosotros.

Fue maltratado, pero se sometió humildemente, y ni siquiera abrió la boca; lo llevaron como cordero al matadero, y él se quedó callado, sin abrir la boca, como una oveja cuando la trasquilan.

Se lo llevaron injustamente, y no hubo quien lo defendiera; nadie se preocupó de su destino. Lo arrancaron de esta tierra, le dieron muerte por los pecados de mi pueblo.

Lo enterraron al lado de hombres malvados, lo sepultaron con gente perversa, aunque nunca cometió ningún crimen ni hubo engaño en su boca. "Isaías 53.2-9 (DHH)

La cruz es lo que Dios tiene para decirnos: "Yo sé cómo te sientes" Por eso Pablo nos asegura que *"así como compartimos los enormes sufrimientos de Cristo, podemos compartir con otros el consuelo que él nos da."* (2 Corintios 1:5 PDT)

Bendiciones

"Cristo, en los días de su carne, ofreciendo ruegos y súplicas con gran clamor y lágrimas al que le podía librar de la muerte, fue oído a causa de su temor reverente. Y aunque era Hijo, por

lo que padeció aprendió la obediencia; y habiendo sido perfeccionado, vino a ser autor de eterna salvación para todos los que le obedecen." Hebreos 5:7-9

"Jesús... estando en la condición de hombre, se humilló a sí mismo, haciéndose obediente hasta la muerte, y muerte de cruz. Por lo cual Dios también le exaltó hasta lo sumo, y le dio un nombre que es sobre todo nombre." Filipenses 2:8, 9

John MacArthur comparte:

> "Hay otro propósito en las pruebas y el sufrimiento que es muy útil: nos enseñan a valorar la bendición de Dios. Las pruebas enseñan a los cristianos que la obediencia a toda costa, incluso en medio de una prueba difícil, conduce a las bendiciones de Dios.
>
> La razón dice que tomemos todo lo que pueda en el mundo y aprovechemos. Nuestras sensaciones y sentimientos dicen encontremos placer a cualquier precio.
>
> Pero la fe dice que obedezcamos la Palabra de Dios y seamos bendecidos. (Hebreos 5: 7-9; Filipenses 2: 8, 9).
>
> Debido a que Jesús era completamente hombre, así como completamente Dios, Él no estuvo exento de dolor y privaciones mientras estuvo en la tierra. Fue llamado para ser el Siervo Sufriente (Isaías 53).
>
> Jesús aprendió el significado completo de la obediencia por lo que Él sufrió, incluyendo la muerte en la cruz (Hebreos.5: 8) y debido a su obediencia fue exaltado por Dios.
>
> El camino a la bendición es a menudo a través del

sufrimiento, pero siempre a través de la obediencia."

Dependencia

"Fue una prueba tan dura que ya no podíamos resistir más, y hasta perdimos la esperanza de salir con vida. Nos sentíamos como condenados a muerte. Pero esto sirvió para enseñarnos a no confiar en nosotros mismos, sino en Dios." 2 Corintios 1:8, 9 (DHH)

Es difícil vivir cuando todo parece inútil y estamos quebrantados. Clamamos por el día en que todo vuelva a estar bien.

Sin embargo, el sufrimiento parece ser uno de los grandes instrumentos en las manos de Dios para continuar revelándonos nuestra absoluta dependencia de Él y nuestra absoluta esperanza en Él, a pesar de nuestras circunstancias.

Dios es bueno y le place darnos el mayor regalo que podría darnos, que es más de Sí mismo. Y a menudo debe quitarnos algo para ayudarnos a confiar solamente en Él, aunque a veces nos haga sentir como si hubiéramos recibido una sentencia de muerte.

El sufrimiento destaca la dependencia…nuestra dependencia a un Dios grande.

Fuerza en la debilidad

"Por favor, ayúdennos orando por nosotros. Si muchos oran, muchos también serán los que den gracias a Dios por su ayuda,

y por todo lo bueno que él nos da." 2 Corintios 1:11 (TLA)

Una forma en que Dios sacude nuestra memoria y conserva nuestro gozo en Él en medio del sufrimiento es a través de los demás.

Es importante que caminemos a través del sufrimiento en comunidad con otros creyentes que nos alientan a seguir con nuestra mirada en el Señor y nos ayudan en nuestros momentos de mayor debilidad.

En este versículo Pablo dice que quiere que muchos se unan a orar por él para que, al ser sostenido por Dios, Él obtenga más gloria. Pablo sabe que compartir el sufrimiento y llevar las cargas de los otros le da la gloria a Dios.

No es fácil abrirse a los demás para que nos vean en nuestro peor momento. Más bien, muchas veces, tratamos de encubrir nuestro estado frágil. Nos humilla dejar que la gente sea partícipe de nuestras debilidades, pero sirve para resaltar la poderosa gracia de Dios que nos sostiene y no falla.

No nos gusta revelar nuestra debilidad. Pero Dios recibe la gloria cuando dejamos que otros vean Su fuerza en nuestra debilidad. Dios recibe la gloria cuando en lugar de aparentar estar bien admitimos que Dios nos da la gracia para seguir mediante el consuelo de Su Espíritu y las oraciones de Su pueblo.

De hecho, Pablo dice que recibir el consuelo de un hermano en la fe es uno de los planes de Dios para nuestro dolor.

Debemos aprender no solamente a dar sino también recibir. Dios provocará ese momento nuestro que sea para recibir la fortaleza de los hermanos para que sea evidente que la iglesia es un cuerpo donde cada uno tiene su lugar para ser de bendición a otro.

Consolación

"Dios nos consuela en todos nuestros sufrimientos para que también nosotros podamos consolar a quienes sufren, dándoles el mismo consuelo que recibimos de él." 2 Corintios 1:4 (PDT)

El consuelo de Dios no nos viene como un fin en sí mismo ni meramente para nuestro propio beneficio. Este versículo nos indica un propósito definido: *"para que podamos consolar a los que están en alguna aflicción".*

Consuelo, por lo tanto, es algo que Dios nos confía para que podamos compartirlo con los demás. Y se nos confía en proporción directa a la cantidad e intensidad del sufrimiento que soportamos, lo que significa que cuanto más sufrimos, más somos consolados; cuanto más nos consuelan, más podemos consolar a otros.

El apóstol Pablo fue sin duda un testimonio de este principio: él sufrió tanto como cualquier hombre (2 Corintios 11: 23-27) y sin embargo ministró a otros en la mansedumbre de Jesucristo (Filipenses 1: 8) y con la ternura de una madre que amamanta. (1 Tesalonicen-ses.2: 7)

Nuestro dolor produce la capacidad de poder identificarnos con otro que pasa por lo mismo y entender su situación. Y esa persona recibirá las palabras de consuelo de ti que has pasado por lo mismo. Tus palabras de consuelo tienen más significado porque no son sólo palabras – son palabras basadas en la experiencia.

Esa fue mi experiencia...después de pasar por la muerte de Esteban tuve que consolar a varias personas que habían atravesado una gran pérdida. Me dijeron que mis palabras les ayudaron...que era difícil recibir el consuelo de tantos amigos porque a pesar de sus buenas intenciones, quedaban en palabras meramente. Pero sabiendo que yo también había padecido un gran dolor aceptaban mis palabras de consuelo y tenían sentido para su vida. Agradecí a Dios por ser de ayuda y bendición a otros. No podría haber sido posible si primero no había pasado yo por ese valle de muerte.

Ira

Dichoso el hombre que soporta la prueba con fortaleza, porque al salir aprobado recibirá como premio la vida, que es la corona que Dios ha prometido a los que lo aman. Cuando alguno se sienta tentado a hacer lo malo, no piense que es tentado por Dios, porque Dios ni siente la tentación de hacer lo malo, ni tienta a nadie para que lo haga. Todo lo bueno y perfecto que se nos da, viene de arriba, de Dios, que creó los astros del cielo. Dios es siempre el mismo: en él no hay variaciones ni oscurecimientos." Santiago 1:12, 13, 17 (DHH)

A menudo, el dolor trae ira, a veces una ira intensa que persiste con el tiempo y es difícil soltar. Esto puede incluir estar enojado con Dios, con miembros de la familia, profesionales médicos, nosotros mismos y es común, para aquellos que están pasando por duelo, estar enojado con la persona por morir. Podemos estar luchando con el enojo por los daños no resueltos del pasado y los problemas con respecto a la pérdida.

Sentimientos como estos son una parte natural del proceso de duelo. Saber que son sentimientos comunes puede ayudarte a entender que es normal. También es importante saber que pasarán.

El perdón es el antídoto aquí y es una elección que conduce a la paz ya la libertad interior. A veces el perdón sucede instantáneamente, pero a menudo es un proceso que tiene que renovarse con el tiempo. Si encuentras difícil perdonar habla con alguien que tenga experiencia con el perdón y puede ayudarte (amigo, pastor, sacerdote, terapeuta).

Joyce Meyer escribe:

> "Después de perder un ser querido a veces las personas se enojan con ellos mismos. Comienzan a pensar en cosas que desean haber hecho o lo que no hubieran hecho, que podrían haber mejorado la situación o incluso haberla impedido. Satanás quiere que vivamos con pesar. No hay nadie vivo que no diga: "¡Ojalá no hubiera hecho eso!" o "Ojalá hubiera hecho esto". Satanás busca echar la culpa, con la intención de arrojarnos a una vida de culpa, condenación y odio a sí mismo.
>
> Los finales siempre traen nuevos comienzos. Satanás se esfuerza por mantenernos fuera del nuevo lugar que Dios ha preparado. Quiere atraparnos en el pasado y hacer que vivamos en la miseria permanente, que es lo que produce la ira y la culpa.
>
> Las personas también pueden sentir ira contra la persona que los dejó, incluso si murieron. Mi tía me dijo que después de que mi tío muriera, golpeaba su almohada por la noche y gritaba: "¿Por qué me dejaste?" Obviamente, su intelecto sabía que no la había abandonado deliberadamente, pero sus emociones estaban hablando.

Las emociones tienen voz; cuando están heridos, pueden reaccionar como un animal herido. Los animales heridos pueden ser muy peligrosos, y también lo son las emociones heridas.

Estar enojado con Dios es bastante común. La gente frecuentemente pregunta: "Si Dios es bueno, todopoderoso y lleno de amor por nosotros, ¿por qué no paró la cosa que causó el dolor?" Aquí es donde Satanás intenta construir un muro entre Dios y la persona herida. Él aprovecha la oportunidad para decir, "Dios no es bueno, y no se puede confiar en Él". Sin embargo, sabemos que, de acuerdo a la Palabra de Dios, la verdad no está en Satanás - él es un mentiroso y el padre de la mentira.

Cómo lo expresa Santiago, Dios es bueno, y Él no puede ser otra cosa. Además, Él no es de una manera un día y de otra manera otro día. Él no cambia. Él es bueno, y así es Él. Pero ¿qué pasa con la pregunta original?

Puesto que Dios es bueno y todopoderoso, ¿por qué no paró esto antes de que trajera todo el sufrimiento y el dolor? Para ser muy honesta, estas son preguntas para las que no tenemos respuestas suficientes.

¡La confianza siempre requerirá que aceptemos preguntas sin respuesta!

Queremos respuestas a todo, pero debemos llegar al lugar donde estamos satisfechos de saber Aquel que conoce y pone nuestra confianza en Él. Estar enojado con Dios es una tontería porque Él es el Único que puede traer la ayuda y el consuelo necesarios a la persona afligida o afligida.

¡No pierdas tu esperanza! Si estás sufriendo ahora debido a una pérdida en tu vida, quiero decirte que un nuevo comienzo está delante de ti. Puedes estar pasando por algunas cosas que nunca entenderás, pero confía que Dios las convierta para tu bien. ¡Lo que Satanás ha intentado para dañarte, Dios puede cambiar para tu bien!"

Temor

"Me dijo: "¡No tengas miedo, ni te preocupes de nada! ¡Alégrate y ten valor, pues Dios te ama!" Y mientras me decía esto, sentí que me volvían las fuerzas. Entonces le dije: "Mi señor, ahora puede usted hablarme, pues ya tengo nuevas fuerzas". Daniel 10:19 (TLA)

Después de una pérdida estás en shock y puede ser difícil aceptar lo que sucedió. Puedes sentirte entumecido, tener problemas para creer que la pérdida realmente sucedió, o incluso negar la verdad. Si alguien que amas ha muerto, puedes seguir esperando que aparezca, aunque sabes que se ha ido. Estos son síntomas normales.

También una pérdida significativa puede desencadenar una serie de preocupaciones y miedos. Puedes sentirse ansioso, indefenso o inseguro. Incluso puedes tener ataques de pánico. La muerte de un ser querido puede desencadenar temores sobre tu propia muerte, de cómo enfrentar la vida sin esa persona, o las responsabilidades que ahora te enfrentan a ti solo.

"No tengas miedo; cree solamente." Marcos 5:36 (DHH)

Los temores son pensamientos, no realidades. Y el coraje es la cura. ¿Puedes ser valiente incluso si estás muerto de miedo? Por supuesto - de hecho, esa es la única vez que realmente puedes ser valiente. El valor no es la ausencia de miedo; es ser temeroso y hacerlo de todos modos.

En tiempo de aflicción puede ser difícil seguir tu corazón y dar un paso nuevo, pero es una tragedia dejar que las mentiras del miedo te detengan. Aunque el miedo puede ser abrumador, no es tan poderoso como parece. El miedo es tan profundo como tu mente lo permite. Tú todavía estás en control. ¡Así que toma el control!

Joyce Meyer enseña sobre este tema:

> "El miedo no es de Dios, sino de Satanás. 2 Timoteo 1: 7 dice que Dios no nos ha dado un espíritu de temor. Cada vez que sientes miedo en tu vida, es una manifestación del reino de las tinieblas.
>
> El miedo es una herramienta que el diablo usa contra nosotros para hacernos sentir derrotados y destruir nuestras vidas. Comienza como un pensamiento y luego crea emociones que pueden gobernarnos. A menudo se convierte en un sentimiento fuerte e intenso que intenta movernos a hacer una acción necia o intenta evitar que hagamos algo que sería bueno para nosotros.
>
> El miedo es lo opuesto a la fe. Dios quiere que caminemos por fe, y Satanás quiere que caminemos por miedo. Cuando aprendemos a vivir por fe y no dejar que el miedo gobierne nuestra vida, podemos vivir una vida plena, gozosa y en paz en Cristo.
>
> Lo que sea Jesús, nosotros también lo somos. Él es fuerte, y en Él somos fuertes. Él es valiente; en Él, somos valientes. Él es un conquistador, así que también

podemos serlo. Él tiene paz y alegría, así que tenemos paz y alegría. Es capaz y audaz. En Cristo, podemos hacer todo lo que necesitamos hacer con Su audacia.

David dijo, *"Cuando siento miedo, confío en ti, mi Dios, y te alabo por tus promesas; Confío en ti, mi Dios, y ya no siento miedo. ¡Nadie podrá hacerme daño jamás!"* Salmos 56:3-4 (TLA)

Isaías 41:10 dice: *"No temas, porque yo estoy contigo."* Creo que Dios trabaja suavemente con nosotros para sacarnos de la esclavitud a la libertad. Si tienes miedo de algo y deseas ser libre, debes enfrentar tu miedo y no huir de ella. Sólo toma la mano de Jesús, reconoce que Él está contigo y hazlo.

No te quedes quieto, aterrorizado, sino toma Su mano y sigue adelante. Recuerda, el temor trae tormentos y Dios quiere librarte de todos tus miedos.

Cuida tus pensamientos. Transforma tus pensamientos. Ellos juegan una parte integral cuando se trata de miedo. La mente es un campo de batalla porque es lo más difícil de controlar. Satanás te atacará con mentiras y engaños. Tienes que protegerte contra eso. Si no lo haces, tu vida llegará a ser desdichada. Nuestros miedos pueden entrar a través de nuestra mente y luego se deslizan a nuestras emociones. Pon freno inmediatamente a los pensamientos negativos.

Detén la charla interior negativa e inútil que te mantiene en temor. Estas son voces falsas, erróneas y engañosas que necesitan ser sofocadas. ¿Cómo se detiene el hablar a uno mismo? Tienes que contestar esa voz; no significa que estás loco. Tus pensamientos están "hablando" contigo todo el tiempo. Y la manera que habla contigo mismo es una de las cosas más importantes en tu vida.

Ten la confianza de que Jesús está contigo para ayudarte en lo que necesites. Su amor por ti no cambia.

Debes saber quién eres en Cristo. Cuando no tienes la autoconfianza de quién eres en Cristo, tu confianza se volverá inestable y esto te abre a más miedo. Debes escudriñar en la Palabra y escribir las Escrituras que d expresan quién eres por ser redimido por Cristo. Si permites que la duda entre, esto sólo engendrará más miedo.

Es importante leer la Biblia. Aumenta tu fe y echa fuera la duda leyendo la Palabra. Puedes escuchar prédicas todo el día, pero si no conoces las Escrituras o no sabes lo que Dios dice en la Biblia, no avanzarás nunca. La Biblia dice que, si continúas en la Palabra, serás liberado. Esto significa que serás libre del miedo y lo que te está atormentando.

Enfrenta tus miedos. Uno de los desafíos más grandes en matar al dragón del miedo es enfrentarlo directamente. Nos gusta guardar nuestros miedos para que podamos olvidar que existen. Cuando empieces a preocuparte, ve a buscar algo que hacer, ocúpate de ser una bendición para alguien, haz algo fructífero. Hablar de tu problema o sentarte solo, pensando, no sirve de nada, sólo sirve para hacerte desdichado."

Reconoce tu miedo, reconoce que no viene de Dios sino de tu enemigo y échalo fuera. En Jesús tienes ese poder. Cree que ya no te domina ese miedo y el Espíritu Santo te dará pensamientos de paz. Tú tienes que dominar tu mente. Es un ejercicio, es una decisión. Tal vez tengas que hacerlo varias veces, pero cada vez será más fácil y el temor irá menguando. Jesús está contigo para fortalecerte, guiarte y ayudarte en todo lo que necesitas. Cuando quiera volver el temor simplemente cambia ese pensamiento por un pensamiento agradable."

Esperanza

"Que Dios, que da esperanza, los llene de alegría y paz a ustedes que tienen fe en él, y les dé abundante esperanza por el poder del Espíritu Santo." Romanos 15:13 (DHH)

"Vivirás en paz y protegido por Dios; dormirás confiado y lleno de esperanza, sin miedo a nada ni a nadie." Job 11:18 (TLA)

Necesitamos esperanza para visualizar una vida mejor en el futuro…saber que no siempre sentiremos este gran dolor, sino que la vida cobrará un nuevo significado y será algo bueno

Sin esperanza la vida no tiene sentido. Por ello, ocuparnos de lo espiritual nos infunde esperanza en este tiempo incierto y de gran dolor. Jesús nos da la seguridad de vida eterna si creemos en Él y esta es nuestra gran esperanza…que nuestro amado está en el Cielo y allí también será nuestro reencuentro.

Ten esperanza, porque puedes encontrar un nuevo significado en la vida. No ocurrirá de la noche a la mañana, así que trata de no exigirte demasiado.

Llegará el momento, si así lo eliges y viene al caso, cuando comiences a construir una vida diferente. Serás diferente, y una "cicatriz sanada" estará donde antes había una herida. De vez en cuando, puede que aún te sientas triste y tener una gran necesidad de llorar. Adelante, cede a ello. Habrá siempre aquellos momentos en los que extrañas a tu ser querido.

De cada herida hay una cicatriz, y cada cicatriz cuenta una historia, una historia que dice: "Aprendí y sobreviví." Hay momentos en que los problemas entran en tu vida y no puedes hacer nada para evitarlos, pero están ahí por una razón. Sólo cuando los hayas vencido comprenderás por qué estaban allí.

Así que sé valiente y sigue hacia adelante. No verás la luz al final del túnel hasta que camines por la oscuridad.

Deja que tus cicatrices te recuerden que realmente sobreviviste a tus heridas más profundas. Esto en sí mismo es un gran logro.

Y recuerda que el daño que la vida te ha dejado te ha hecho más fuerte y más resistente. Lo que te lastimó en el pasado te ha hecho estar mejor equipado para enfrentar el presente.

La esperanza promete fervientemente que las cosas van a mejorar, que el viaje se hará más fácil, y que un día el dolor menguará. Tal vez tu oración ha sido como esta:

Padre, esto duele mucho. Nunca pensé que tendría que enfrentar algo como esto. Es difícil para mí. A veces siento que es demasiado difícil y ni siquiera te importa. Pero esto sí sé: sé que Jesús cumplirá Su promesa de llevarme al Cielo. Yo sé que Él es la resurrección y la vida para mí. Oh Padre mío, te doy gracias por mi segura esperanza del Cielo.

Todos sufren

"¡Demos gracias a Dios, Padre de nuestro Señor Jesucristo! Él es un Padre bueno y amoroso, y siempre nos ayuda. Cuando

tenemos dificultades, o cuando sufrimos, Dios nos ayuda para que podamos ayudar a los que sufren o tienen problemas. Nosotros sufrimos mucho, así como Cristo sufrió. Pero también, por medio de él, Dios nos consuela. Sufrimos para que ustedes puedan ser consolados y reciban la salvación. Dios nos ayuda para que nosotros podamos consolarlos a ustedes. Así ustedes podrán soportar con paciencia las dificultades y sufrimientos que también nosotros afrontamos." 2 Corintios 1:3-5

El Todopoderoso soberano del universo es también un Padre de misericordias y un Dios de todo consuelo. Dios nos consuela en todas nuestras aflicciones. No hay aflicción de la que Dios no sepa. Él está infinitamente interesado en lo que nos pasa y en todo lo que nos aflige. Así que nunca estás solo en tu sufrimiento, sea cual sea el dolor o la pérdida. Dios nos consuela. No nos deja solos en nuestro sufrimiento, está ahí junto a nosotros cada momento.

El sufrimiento generalmente nos hace introspectivos, nos hace enfocar en nosotros mismos. Esto en realidad no nos ayuda, no es lo que Dios desea y es un paso hacia la depresión. Cuando podemos mirar hacia afuera y ver el sufrimiento de otro y ser consuelo para otro, hemos entendido una gran lección de por qué sufrimos.

En nuestro dolor miramos a Dios para Su Consuelo y fuerza para luego dar a otro necesitado lo que nosotros mismos hemos recibido por lo que hemos vivido y experimentado. Dios nos consuela para que podamos consolar a otros. El mejor consuelo lo da alguien que ha pasado por el mismo dolor. Y cuando damos a otros, nosotros mismos somos bendecidos y recibimos más gracia. Da gran satisfacción poder ayudar a otro en su dolor.

Poema

Las Cajas de Dios

Tengo en mis manos dos cajas,

Que Dios me dio para sostener.

Me dijo: "Pon todas tus penas en la caja negra,

Y todas tus alegrías en la dorada.

Yo obedecí Sus palabras, y en las dos cajas,

Tanto mis alegrías como mis dolores guardé,

Pero, aunque la dorada se volvía más pesado cada día,

La negra era tan ligera como antes.

Con curiosidad, abrí la negra,

Quería saber por qué,

Y vi en la base de la caja un agujero,

Por la cual habían caído mis dolores.

Le mostré el agujero a Dios, y reflexioné,

"Me pregunto ¡dónde podrían estar mis dolores!"

Él sonrió con una suave sonrisa y dijo:

"Hija mía, están todos aquí conmigo."

Le pregunté a Dios, por qué me dio las cajas,

¿Por qué una dorada y otra negra con agujero?

"Hija Mía, el oro es para que cuentes tus bendiciones,

La negra es para que los sueltes".

Arielle Perkins
(Trad. Diana Baker)

Paciencia

"«*En el momento propicio te escuché, y en el día de salvación te ayudé.*» *Les digo que éste es el momento propicio de Dios; ¡hoy es el día de salvación!*

En todo y con mucha paciencia nos acreditamos como servidores de Dios: en sufrimientos, privaciones y angustias; en azotes, cárceles y tumultos; en trabajos pesados, desvelos y hambre. Servimos con pureza, conocimiento, constancia y bondad; en el Espíritu Santo y en amor sincero." 2 Corintios 6:2, 4-6 (NBD)

Queremos borrar el malestar y el dolor con una pequeña píldora, una consulta al médico, una solución rápida a una emergencia.

En la naturaleza o en el duelo nada puede ser apresurado. Del mismo modo que se destruye un tierno capullo de rosa cuando se lo abre forzosamente, es necesario esperar con calma y dejar que el tiempo, la naturaleza y Dios hagan su trabajo curativo.

Es bueno recordar que no sufrimos solos – otros también padecen lo mismo o mucho peor.

Después de lo que le pasó a Esteban fuimos conscientes de cuántas personas también atraviesan situaciones parecidas.

Antes, era simplemente un dato, algo lejano, pero ahora nos sentíamos identificados con el mismo dolor y podíamos sumar los casos y ver que muchos también pasaban por el valle de la muerte antes de tiempo.

Lágrimas

"Esto dice el Señor, Dios de tu antepasado David: 'He oído tu oración y he visto tus lágrimas. Voy a sanarte y en tres días te levantarás de la cama e irás al templo del Señor." 2 Reyes 20:5-7 (NTV)

No te escondas del dolor. Si te escondes de él se agravará y aumentará y te consumirá. Podría convertirse en un problema peor de lo que alguna vez imaginaste. Y si la familia te dice que es hora de conseguir ayuda, no los ignore ni te enojes. Busca ayuda.

Toma el tiempo para recordar verdaderamente la preciosa vida que has perdido. Escribe sobre él o ella, vuelve a tus recuerdos con él o ella y los buenos momentos que tuvieron. O escribe sobre tus propios sentimientos. Eso ayudará; ayudará a sanar tu corazón.

Me ayudó buscar fotos de Esteban y hacer un mural de unas cuantas y poder tenerlo presente delante de mí. En realidad, hice varios murales. Esteban no tendría un futuro, no vería sus logros, no vería sus hijos…así que quería recordar su vida y verlo cuando estuvimos juntos me hizo bien.

Guardamos algunas prendas especiales de su ropa como un recuerdo.

Con mi esposo nunca nos frenamos de hablar sobre Esteban...todo lo contrario nos hacía bien hablar mucho sobre él. Por supuesto que esto provocaba muchas lágrimas, pero las lágrimas también son parte de la sanidad. Hace falta llorar y nunca reprimir las lágrimas, dondequiera y cuandoquiera que florezcan.

Llora todo lo que sea necesario. Llorar trae alivio y trae sanidad. Al principio las lágrimas son parte normal de todos los días. A medida que pasa el tiempo no son tan frecuentes, pero aún después de años las lágrimas pueden florecer por algún recuerdo.

Recuerda que es bueno llorar, es saludable y una parte importante de nuestra sanidad. Llorar es un mecanismo natural del cuerpo para aliviar el estrés de la vida. Es bueno que los hombres también expresen sus sentimientos por medio de sus lágrimas.

Los hombres también lloran

Estoy agotado de tanto llorar; toda la noche inundo mi cama con llanto, la empapo con mis lágrimas. El dolor me nubla la vista; tengo los ojos gastados a causa de todos mis enemigos."
Salmos 6: 6, 7 (NTV)

Sabemos que los hombres son diferentes a las mujeres y procesan de manera diferente la información y sus sentimientos. Por lo tanto, será normal que ante una misma pérdida, un hombre y una mujer expresen su dolor de manera diferente.

Este libro tiene una mujer como autora. Experimentamos juntos, mi esposo y yo, la pérdida de nuestro hijo Esteban. Mi esposo puede identificarse con todo lo que he relatado como una experiencia propia. Creo que se debe a que ambos tenemos una fe sólida en Dios y muchos años de conocer Su Palabra y trabajar en el ministerio. Creo que la pérdida de Esteban nos afectó de manera muy similar porque teníamos las mismas armas para combatir la tristeza y abatimiento.

Lo que sí noté es que cuando yo me sentía más decaída generalmente José se sentía más fuerte y me podía animar. Y cuando veía abatido a José, generalmente me sentía mejor para levantarlo. Orar juntos nos fortalecía muchísimo.

La respuesta fundamental para nuestro dolor es una fe sólida y firme en Dios. Él es la respuesta para absolutamente todo lo que concierne nuestra vida. Sin Él no podríamos lograr mucho. Él hace toda la diferencia.

Se nos dice que los hombres no lloran; tal vez por esa razón algunos hombres intenten evitar el proceso del duelo y esconder sus sentimientos con el temor que su dolor los hace parecer débil. Puede que se cubran sus sentimientos por su silencio, su ira, sus acciones o sus adicciones.

Es beneficioso que los hombres puedan abrirse con otro hombre para poder hablar sobre sus sentimientos. Si no es posible con el cónyuge se debe escoger una persona de confianza – un amigo, un pastor, un grupo de apoyo. A veces una actividad que proporciona un objetivo común ayuda a los hombres sentirse más a gusto para abrirse.

Los hombres que aprenden a abrirse y compartir su dolor tendrán muchos beneficios para su salud física y emocional, así como para sus relaciones y matrimonio. También sentirán más energía y felicidad.

Lo más importante es que cada persona encuentre una forma segura de expresar su dolor.

Hay algunas cosas que los hombres deben tener en cuenta en su dolor, aunque todas las personas tienen una combinación de características "masculinas" y "femeninas" que influirán en su estilo de duelo.

- Soporta tu dolor a tu manera -no hay reglas de cómo debes procesar tu dolor.

- El proceso de tu dolor se verá influenciado por quién eres, cómo te criaste y tus experiencias de vida.

- Es posible que no desees hablar de ello tan seguido como los que te rodean. Puede que prefieras usar la acción en lugar de hablar.

- Trabajar codo a codo puede ser una forma más fácil de procesar la aflicción que comunicarse cara a cara. Es posible que prefieras enfrentar la situación en tus propias fuerzas. O asumir el papel de cuidador de alguien cercano para ayudarlo a procesar su propio dolor.

- Se necesita fuerza y coraje para experimentar y expresar el dolor.

- El dolor es un proceso que te hará más fuerte.

Conociendo a tu Dios

¿Cómo es Dios?

Dios mora en luz inaccesible (1 Timoteo 6:16) y se llama fuego consumidor (Hebreos 12:29).

Nadie puede ver a Dios y vivir (Éxodo 33:20).

Dios es inescrutable, insondable, enigmático, confuso, impenetrable y desconcertante. Y, sin embargo, este Dios se revela a Sí mismo a través de la creación, Su Palabra y Su Hijo, Jesús.

Su revelación de Sí mismo da testimonio de Su deseo de ser conocido, mientras que al mismo tiempo nos recuerda que Él está más allá de nuestro entendimiento.

Las Escrituras nos permiten aprender a reconocer cómo se mueve y cómo guía a Su pueblo. Si no hemos pasado el tiempo suficiente aprendiendo a reconocer su voz no nos daremos cuenta de que Él siempre se mueve a nuestro alrededor.

El hecho de que podemos confiar en Dios no significa que sea predecible. Decir que Dios siempre es bueno, fiel o amoroso no significa que Dios siempre tiene sentido antes de tiempo.

Si aprendemos algo de los retratos de Jesús en los Evangelios, aprendemos que Él es impredecible, y Él enseñó, amó y vivió de maneras totalmente inesperadas. A menudo se lo encontraba donde menos se esperaba que fuera el Mesías. De muchas maneras, Jesús cambió las expectativas de la gente.

Tienes que desear ver a Jesús para verlo. Dios desea que lo busquemos. Aunque Él ya está presente en todas partes, no se revela a Sí mismo donde no está invitado.

Encontrarás a Jesús donde menos lo esperas, más en fracaso que en éxito; más en la pobreza que en el lujo; más entre los abatidos y dudosos que los llamativos y hermosos.

Tú eres único

Palmer Chinchen escribe:

> "El que ha diseñado el universo tiene un maravilloso y emocionante plan para tu vida. El profeta del Antiguo Testamento Jeremías nos recuerda esto: *"Sé cuáles son los planes que tengo para ti', declara el Señor, 'planes para prosperarte y no para dañarte, planes para darte esperanza y un futuro."*

Tu vida no es un accidente. Tú no estás aquí por casualidad. Dios te puso aquí a propósito. Él no comete errores. Tu vida tiene un significado profundo. Dios ve en ti lo que nadie más ha visto nunca. Tú eres único en el mundo. No hay nadie más como tú. Jesús lo dice así: "¿Cuál es el precio de un canario mascota? Algunas monedas sueltas, ¿verdad? Y a Dios le importa lo que le pase, incluso más que tú. Él te presta a ti una atención aún mayor, hasta el último detalle, ¡incluso numerando los pelos de su cabeza! Tú vales más de un millón de canarios."

Tom Davis expresa:

> "Te he llamado por tu nombre, desde el principio eres Mío y Yo soy tuyo. Tú eres mi amado. En ti he puesto mi favor.

Te he moldeado en las profundidades de la tierra y te he formado en el vientre de tu madre. Te he esculpido en la palma de mi mano y te he escondido en la sombra de mi abrazo.

Te miro con ternura infinita y te cuido con un cuidado más íntimo que el de una madre para su hijo. He contado cada cabello en tu cabeza y te he guiado en cada paso. Dondequiera que vayas, voy Yo."

Louie Giglio afirma:

"Si Dios es indescriptible, ¿dónde nos deja eso? Nos deja caminando con más humildad de lo que nunca antes habíamos caminado, postrados ante la idea de un Dios tan poderoso y misterioso. Nos deja seguros en el conocimiento de Su control final: que Aquel que por Su palabra hizo realidad estas grandiosas e inconcebibles maravillas nunca fallará. Y nos deja reflexionando sobre cuánto Él, este Dios creativo de maravillas ocultas, tiene reservado para aquellos que han elegido amarlo y seguirlo.

Y en algún lugar en medio de todo, eres tú, especial entre toda la creación, hecho a la imagen misma de Dios. Estampado con divinidad y creado a semejanza de Dios, tú también fuiste creado por y para Jesús. Por lo tanto, tienes una voz en el coro. Una voz como ninguna otra porque, a diferencia de las estrellas, tienes la capacidad de conocer y amar al Creador, y la opción de valorarlo por encima de todo lo demás que ha creado.

Y, a diferencia de los púlsares* zumbantes que llenan la extensión del espacio con sus canciones, has sido buscado y redimido. Cristo ha venido por ti, muriendo y resucitando para volver a poner vida y aliento en tus pulmones. Y no lo hizo para que puedas 'obtener tu boleto al Cielo cuando mueras', sino para que tengas motivo para cantar algo que eclipse los cielos. Tan loco como parezca, tu voz no es insignificante en un universo tan vasto como aquel en el que nos encontramos.

Eres un ser humano único, maravillosamente hecho por el Dios de toda la creación. Tu alabanza lo hace sonreír. Primero, porque Él te ama, y segundo, porque Él sabe que cuando estás cantando Su canción, has tocado y probado lo mejor de todo el mundo."

(*Un púlsar es una estrella de neutrones giratorios altamente magnetizada, que emite un rayo de radiación electromagnética.)

Tiempos secos

Mike Erre escribe:

"Dios busca nuestra fe y nuestro amor, y para obtener ambos, Él debe exponernos al riesgo y al sufrimiento. Nunca veremos Su poder si nos negamos a tener el nuestro limitado.

Dios nos lleva a lugares donde no sabemos cómo Él va a operar o no podemos ver lo que está haciendo. No es la manera de Dios de darnos fórmulas o planos. Su voluntad a menudo tiene sentido sólo en retrospectiva. Dios se deleita en llamarnos a lugares donde la fe crece más fácilmente, o sea, donde estamos contra las cuerdas y no tenemos idea cómo proseguir. Él hace esto para que aprendamos a confiar en Él, aunque generalmente nos resistimos a ir a donde Él nos lleve.

Los golpes de la vida me enseñan a darme cuenta de que no puedo hacerlo todo. Realmente necesito confiar en Jesús, o estaré en problemas. Esta es una lección que no queremos aprender voluntariamente. Entonces Dios nos lleva al final de las cosas para enseñarnos que la debilidad es en realidad fortaleza cuando nos hace vivir en un estado de fragilidad y dependencia de Él.

Los tiempos secos, cuando Dios parece estar distante, son una parte normal de la vida cristiana y no se deben temer. ¿Por qué son necesarios los tiempos de desierto en nuestra relación con Dios cuando no los necesitamos en nuestras otras relaciones? ¿Por qué Dios parece estar ausente cuando más lo necesitamos a Él?

Los tiempos de sequedad y distancia (lo que llamamos el ocultamiento de Dios) son formas en que Dios nos mueve de buscarle por Sus dones y beneficios a buscarle simplemente por Él mismo. Solía pensar que la recompensa por seguir a Jesús era paz, alegría, bendición, oración contestada, seguridad, etc., pero me di cuenta de que la recompensa por seguir a Jesús es Jesús mismo... y nada más.

En términos humanos, nos gustaría que Dios sea más fácilmente manipulado y controlable, y diseñado a medida para querer las cosas que yo quiero para mí; sin embargo, una y otra vez, lo que ves en las Escrituras es una imagen de un Dios que dice: "Yo soy digno de obedecer; Yo soy digno que entregues tu vida; pero date cuenta de que, como parte del trato, es posible que no consigas lo que quieres." Jesús le dijo a Juan el Bautista:

"Sí, yo soy (el Mesías), y sí, morirás en prisión." Juan, puedes ser el precursor de Jesús y el primero en anunciar Su ministerio público, pero morirás en prisión.

Jeremías, tendrás un ministerio profético para las naciones, pero serás objeto de burla y desearás no haber nacido nunca. Moisés, pasarás cuarenta años liderando a Israel en el desierto, solo para morir a la vista de la Tierra Prometida. David, serás un hombre según el corazón de Dios, pero no se te permitirá construir el templo para tu Dios porque tienes sangre en tus manos. María, tendrás el privilegio de dar a luz al Mesías, pero vivirás una vida de desamor.

El escritor de Hebreos enumeró a muchos de los hombres y mujeres fieles que vieron a Dios moverse de maneras poderosas debido a su fe y obediencia.

Una y otra vez se le preguntó al pueblo de Dios: "¿Amarás y seguirás a Dios incluso cuando duela?" Nosotros, Su pueblo, ¿lo amaremos realmente si no obtenemos nada de ello? ¿O estamos interesados principalmente en los beneficios de seguirle en lugar del Dios que seguimos?"

Un buen futuro

"Porque yo sé muy bien los planes que tengo para ti —afirma el Señor—, planes de bienestar y no de calamidad, a fin de darte un futuro y una esperanza." Jeremías 29:11 (NVI)

Tu amado que ha partido ¿cómo quisiera que vivieras?

No vivas en el pasado…lucha para avanzar y no simplemente sobrevivir. Si tuviste una relación cercana con tu ser amado sabrás que él o ella querrían ver que intentas vivir en una actitud positiva y de manera que le enorgullecería.

Recuerda que tú no eres el único en la familia que sufre. Los otros miembros de la familia también han perdido un ser amado y están acongojados. Cada uno lo sentirá de manera diferente, pero lo sufrirá lo mismo.

Al final del duelo, debe venir el consuelo, la paz y propósito.

La tristeza puede permanecer, pero en forma disminuida. Hay esperanza de recuperación. La felicidad es posible de nuevo. La luz del sol brillará nuevamente.

Jesucristo ha vencido a la muerte, está cerca de los quebrantados de corazón, y vino para que tengamos vida en plenitud.

Felicítate, le estás haciendo frente a tu dolor

¡Felicitaciones!

Lo estás logrando. Estás sobreviviendo. Estás respirando dentro y fuera y estás poniendo un pie delante del otro. En el pasado, probablemente no habrías considerado que cosas sencillas como estas fuesen logros, pero eso fue antes de que comenzaste a caminar en la oscuridad con un corazón roto y una gran carga de emoción complicada.

Hacer frente a la pena es hacer pequeñas cosas y tomar pequeños pasos que cambian tu medidor de bienestar hacia 'bien' poquito a poco. La desventaja de esto es que el dolor puede sentirse como una tarea continua, pero la ventaja es que la tarea se puede hacer en dosis manejables y lo más probable es que ya lo estás haciendo. Así que, felicitaciones. Lo estás haciendo. Estás lidiando con el dolor.

Sé que algunos querrán rechazar mis felicitaciones porque se sabe que la pena causa falsa modestia. Muchas personas no se sienten lo suficientemente bien porque se comparan cómo eran antes del dolor. Pero si haces eso, corres el riesgo de pasar por alto tus victorias y logros cotidianas y nunca notarás lo lejos que has llegado.

Demasiado a menudo las personas afligidas se mortifican a sí mismas por no poder hacer cosas como superar la situación, manejar la situación, volver a la normalidad, ser fuertes, ser de inspiración, crecer, llorar la pérdida de manera "correcta", etc. Cuando en realidad algunas de estas cosas son inalcanzables (es decir, superar la situación, volver a la normalidad, lamentar la pérdida de la manera "correcta") y el resto, estoy dispuesto a apostar que ya estás haciendo de pequeñas maneras cada día.

Así que, con el riesgo de sonar cursi, esto es lo que quiero que hagas - Tómate un tiempo para felicitarte por los pasos que has tomado en tu dolor. No importa lo mal que te sientas o lo mucho que crees que estás luchando, te garantizo que al menos hay una cosa por la que puedes felicitarte en este momento.

Felicítate por levantarte de la cama hoy. No importa qué hora era cuando te levantaste o cuánto tiempo esperaste antes de volver a la cama. Lo hiciste.

Felicítate por vestirte. No importa si la única cosa limpia en tu armario hoy era un viejo traje de terciopelo de principios de siglo. Felicítate por hacer tu tarea escolar, tu tarea de trabajo o los quehaceres domésticos. No te preocupes si las ventanas no están limpias. Felicítate por encontrar maneras de crecer, aunque sé que cambiarías todo tu crecimiento para tener a tu ser querido de vuelta.

Haz el ejercicio de llevar un diario. Simplemente pasa algún tiempo cada día completando la frase:

Hoy quiero felicitarme por……………………………………

UN PUNTO DE VISTA PROFESIONAL

Esperanza y paz en tiempo de luto

En el primer año de dolor y quebrantamiento cualquiera de las siguientes reacciones es normal: enojo, negación, negociar, depresión y aceptación, seguimos siendo individuos únicos y podemos experimentar tantos niveles diferentes de dolor. Mi experiencia es que no todas las etapas duran igual en cantidad de tiempo.

Negación: "Esto no me puede estar pasando." Cuando te enteras por primera vez de una pérdida, es normal pensar: "Esto no está sucediendo". Puedes sentirte en 'shock' o aturdido. Esta es una forma temporal de lidiar con la emoción abrumadora. Es un mecanismo de defensa.

Ira: "¿Por qué está sucediendo esto? ¿Quién tiene la culpa?" Cuando la realidad se establece, te enfrentas al dolor de tu pérdida. Puedes sentirte frustrado e indefenso. Estos sentimientos más tarde se convierten en enojo. Puedes dirigirlo hacia otras personas, hacia un poder superior o la vida en general. Estar enojado con un ser querido que murió y te dejó solo es natural, también.

Negociar: "Haz que esto no suceda y, a cambio, yo haré ____." Durante esta etapa, uno se detiene en lo que podría haber hecho para evitar la pérdida.

Los pensamientos comunes son "Si tan solo ..." y "¿Qué hubiera pasado si ...?" También uno puede tratar de llegar a un acuerdo o trato con un poder superior.

Depresión: "Estoy demasiado triste para hacer algo." La tristeza se establece a medida que comienzas a comprender la pérdida y su efecto en tu vida. Los signos de depresión incluyen llanto, problemas para dormir y disminución del apetito. Puedes sentirte abrumado, <u>arrepentido y solo.</u>

Aceptación: en esta etapa final de duelo, aceptas la realidad de tu pérdida. No puede ser cambiado. Aunque todavía te sientes triste, puedes comenzar a seguir adelante con tu vida.

Preguntas comunes

¿Alguna vez superaré mi pérdida? ¿Alguna vez seré feliz otra vez? ¿Cómo puedo aceptar este cambio en los planes?

Estas son sólo algunas de las preguntas sinceras que las personas hacen cuando experimentan dolor y una pérdida. El dolor nos llega a todos en la vida. Nos parece que la felicidad, la alegría y la esperanza se han ido para siempre. El dolor ha tomado su lugar. La oscuridad puede dominar. Pensamos: "Nunca pensé que esto me pasaría a mí."

Emily Perl Kingsley expresa este sentimiento bien en su poema,

"Bienvenido a Holanda", donde escribe sobre la experiencia de criar a un niño con necesidades especiales.

Lo compara con planear un viaje a Italia, pero en cambio aterrizar en Holanda a causa de "un cambio en el plan de vuelo". El dolor a menudo se siente como un cambio en el plan de vuelo, un cambio desagradable. Emily reconoce lo difícil que puede ser aceptar una pérdida y, al mismo tiempo, desafiarnos eventualmente a aceptarlo como un regalo.

Ella escribe, "el dolor nunca, nunca, nunca desaparecerá del todo...la pérdida es muy, muy significativa. Pero...si te pasas la vida llorando el hecho de que no llegaste a Italia, nunca podrás disfrutar de las cosas muy bonitas y especiales... de Holanda."

El dolor es real y se debe sentir, no se debe tapar. Pero no necesita conducirte a la desesperación; ni hacerte caer en la amargura y la ira, que lleva a que uno se centre en uno mismo y a sentirse decepcionado.

El propósito, la gracia, la belleza, la paz, la felicidad y la alegría pueden regresar a tu vida. De hecho, con el tiempo, Dios puede ayudarnos a comenzar de nuevo y hacer las paces con nuestra pérdida.

Una de las preguntas más comunes es "¿Terminará mi pena para poder superar esta pérdida?" Creo que la aflicción es más bien coma ondas que fluyen y refluyen.

Dependiendo de la pérdida, alguna pena nunca desaparece por completo, pero las abrumadoras ondas emocionales a menudo se vuelven menos poderosas y menos frecuentes.

¿Cómo se puede superar los intensos sentimientos de quebrantamiento, ira, amargura? Sé que puedes encontrar la respuesta en Jesús, Su infinito amor que te llevará a la Luz.

Creo que Dios puede transformar el dolor y traer sanidad a aquellos que están quebrantados. Hay decisiones que puedes tomar y hay caminos que puedes elegir que llevan a la sanidad y la esperanza.

Maureen O'Connell, LPC

Cómo enfrentar el dolor

Experimentar la pérdida es una parte inevitable de la vida, pero hay maneras que nos ayudan a sobrellevar el dolor, a aceptar el dolor y, eventualmente, a encontrar una manera de recoger los pedazos y seguir adelante con la vida.

1. Reconoce tu dolor.
2. Acepta que el dolor puede desencadenar muchas emociones diferentes e inesperadas.
3. Entiende que tu proceso de duelo no será igual a otras personas.
4. Busca apoyo personal de las personas que se preocupan por ti.
5. Apóyate emocionalmente cuidándote físicamente.
6. Reconoce la diferencia entre el dolor y la depresión.

Avanzar significa que has aceptado tu pérdida, pero eso no es lo mismo que olvidar. Puedes seguir adelante y aún guardar el recuerdo de alguien que perdiste como parte importante de ti.

Tu viaje hacia la recuperación

"¿Te has preguntado, es mi dolor normal?

En algún momento, la mayoría de los que se enfrentan al dolor harán la siguiente pregunta: "¿Mi pena es normal?" ¡No estás solo! Casi todo el mundo pasando por la experiencia del dolor cuestionará algo acerca de lo que siente, ve, oye o espera y se preguntará si alguna vez ha sido experimentado por otras personas, también.

Tu dolor - tu respuesta a la pérdida - puede dar lugar a todo tipo de cambios emocionales, físicos, espirituales y sociales, especialmente durante los primeros meses después de la muerte. Estos síntomas y cambios pueden disminuir con el tiempo. Puede que tengas algunos, pero no otros. Puede que te abrumen o que lleguen casi sin que te des cuenta. Lo 'normal' es difícil de establecer porque todos somos diferentes, y con muchas variables en la vida y las circunstancias de la muerte. La buena noticia es que incluso a través de largos períodos de tiempo, la mayoría de la gente pasa por el dolor con patrones algo predecibles o reacciones comunes a la pena.

Aquí hay una lista de síntomas que se manifiestan a menudo después de una muerte, así como otros tipos de pérdida.

Síntomas físicos experimentados en tiempo de duelo

-Vacío en el estómago

-Presión en el pecho o la garganta

-Sin aliento

-Debilidad en los músculos

-Dolores en el cuerpo

-Náusea

-Pérdida de peso o aumento de peso

-Boca seca, piel seca – deshidratación por llorar mucho.

-Falta de energía

-Sensibilidad exagerada al ruido

-Dormir: demasiado o muy poco

- Pérdida de apetito o comer en exceso

-Suspirando con frecuencia

Síntomas emocionales

-Tristeza

-Enfado

-Irritación o intolerancia

-Culpa: lo que era, lo que no era, la felicidad ahora

-Ansiedad

-Soledad

-Fatiga, agotamiento

-Desamparo

-Shock o impacto

-Anhelo

-Alivio: sobre el sufrimiento, el dolor

-Alivio por tener libertad: una relación difícil

-Entumecimiento

-Confusión

-Abrumado

-Frustración

-Temor

Síntomas sociales

-Llorar, a veces inesperadamente

-Aislamiento social – parece que a nadie le importa o no te entienden

-Evitar recordatorios del fallecido

-Actividad excesiva e inquieta

-Llevar objetos del difunto

-Visitar lugares que traen recuerdos

-Humor cambiante

-Angustia previa a fechas importantes

-Dificultad para tomar decisiones

-Limpieza, deshacerse de pertenencias

-Preservar habitaciones, artículos

-Crear homenajes, santuarios

-Necesitar volver a contar la historia del evento de la muerte

-Ritualizar las actividades

-Culparse a sí mismo u otros

Sensaciones extraordinarias, espirituales o filosóficas

-Incredulidad – no creer lo que ha pasado, sentir que estás en un sueño

-Falta de concentración

-Confusión

-Preocupación

-Olvidadizo; Distraído

-Alucinaciones

-Sensación de la presencia del ser querido: su voz, visión

-Pensamientos frecuentes del ser amado

-Las cosas no parecen reales

-Esperar que la persona entrará por la puerta

-Pérdida de significado de la vida

-Sueños vívidos o ninguno

-Llamar y buscar el ser amado

-Miedo de olvidar al ser querido

-Sentirse "loco"

-Cuestionando religión, Dios, la espiritualidad

……

¿Te identificas con algunos de estos síntomas?

Tener alguno, ninguno o todos estos síntomas después de una pérdida no te hace normal o no normal Algunas enfermedades orgánicas pueden tener los mismos síntomas físicos. Algunos comportamientos pueden ser actividades sanas del recuerdo. Puede que elijas comportamientos sociales como más de acuerdo con tu estilo de vida actual.

El duelo es un proceso cambiante a través del tiempo, no algo que sucede de un día para otro.

Sin ser alarmante, si experimentas un gran número de estos síntomas y te dominan la vida, es bueno que busques respuestas de un profesional.

Joan Hitchens

Algunas consideraciones sobre el dolor

Cuando es la primera vez que pasamos por la experiencia del duelo viajamos por un camino desconocido y extraño. Nuestras emociones pasan por tantos sentimientos nuevos que nos llegamos a preguntar si lo que sentimos es normal.

¿Tu dolor es normal? Tú tienes la respuesta a esa pregunta. ¿Qué piensas? ¿Qué sientes? ¿Parece normal o tu dolor se interpone en el camino de tu vida? ¿Qué tan profundo es el dolor que te hace cuestionar si es normal? Aquí hay algunas cosas que debes considerar en tu respuesta:

Percepción. Considerar el impacto que la pérdida tiene en tu vida y, por tanto, el dolor que experimentas. Cuando puedes nombrar el dolor en términos de su impacto en tu trabajo, tu sentido de seguridad, tus creencias, tu sentido de sí mismo, tu diversión, y más - entonces tienes la oportunidad de hacer los cambios que te permitirán disfrutar más de la vida desde tu pérdida.

Inestabilidad. ¿Te sientes estancado? Si lloras un día y no el siguiente, entonces realmente estás avanzando a través del dolor. Tienes días buenos y otros malos. En la rutina y también en las vacaciones ¿puedes ver que en general estás en un mejor estado de ánimo en cuanto a tu dolor que hace unas semanas o meses atrás? Si todavía estás haciendo lo mismo y esperando resultados diferentes, o no haces nada en absoluto, el dolor no tiene el movimiento para poder cambiar. Si al pasar el tiempo te sientes peor y más solo, sería un paso importante buscar ayuda. Por doloroso que pueda parecer pensar que tienes que seguir adelante, no hacerlo puede ser aún más doloroso.

Tiempo. Esperar demasiado de ti mismo demasiado pronto, o escuchar a los demás opinar por cuánto tiempo creen que "deberías sufrir," a menudo lleva a la gente a la pregunta "¿Soy normal?" La respuesta a "¿cuándo terminará mi dolor?" depende de lo que haces con el tiempo. Confía que podrás encontrar la paz en poco tiempo. Por lo general los primeros meses es un tiempo de grandes cambios y se asemeja a un paseo en la montaña rusa del dolor. El primer año es notorio como "el año de los primeros", al tener que enfrentar cada primer día de un cumpleaños o tradición familiar sin el ser amado. Y a través de los años, tal vez nunca dejes de sentir la ausencia de tu ser amado por lo que ellos pierden - nacimientos, bodas, vacaciones, sueños realizados y los eventos de la vida que planeaban compartir.

Confianza. "¿Es mi dolor normal?" Es una pregunta que a menudo sólo significa que necesitamos la tranquilidad de que podemos superar este tiempo de pérdida, que hay esperanza y que alguien, en algún lugar entiende lo que nos pasa. ¡Y eso es muy normal! No todos los miembros de tu familia tienen la misma experiencia y no todos los amigos incluso han experimentado una pérdida similar, así que puede ser útil, y de ayuda, participar en un grupo de apoyo u obtener recursos del Internet. Al recorrer el camino con otros, descubrirás los parámetros de lo que es similar o diferente acerca de tu propio dolor.

La gama completa de lo que es normal en el dolor es vasto y a menudo relacionado con las circunstancias de un individuo. Sin duda, preguntarse "¿Es mi dolor normal?" es un paso en el camino de la sanidad y una herramienta importante para encontrar el nivel de apoyo que necesitas para procesar tu dolor.

Si tienes preguntas continuas, o tu dolor interfiere con tu capacidad para llevar a cabo las responsabilidades diarias, te recomendamos que te comuniques con un profesional de la salud o un especialista en el dolor para recibir más apoyo.

Sugerencias – cosas prácticas para hacer
Hay cosas prácticas que puedes hacer para pasar el tiempo de

duelo o pérdida:

- Exprésate. Hablar es a menudo una buena manera de calmar las emociones dolorosas. Puede comenzar el proceso de sanidad al hablar con un amigo, un familiar, un profesional de la salud o un consejero.

- Permítete sentirte triste. Es una parte saludable del proceso de duelo.

- Mantén tu rutina de siempre. Seguir haciendo cosas simples de todos los días, como caminar con el perro; puede ayudar mucho.

- Duerme. La tensión emocional puede cansarte mucho.

- Si tienes problemas para dormir, consulta a tu médico de cabecera.

- Come saludablemente. Una dieta sana y bien equilibrada te ayudará.

- Evita el uso de drogas y alcohol; por lo general, detienen o retrasan el dolor (lo que significa que necesitarás enfrentar los sentimientos sobre la muerte más adelante).

- Aprovecha la consejería si te parece bien, pero quizás no de inmediato. El asesoramiento puede ser más útil después de un par de semanas o meses. Sólo tú sabrás cuándo estés listo.

- Evita decisiones apresuradas sobre las pertenencias del fallecido.

- Aplazar cualquier decisión importante (es decir, mudanza, inversiones financieras, etc.)

- Aunque tu paciencia se desgaste, trata de hacerle saber a los demás lo que necesitas y cómo te pueden ayudar (esto también les ayudará a entenderte mejor).
- -Busca tu fuerza al compartir con personas que no te juzgarán o aconsejarán y están disponibles para darte apoyo emocional.

- -Hablando en una grabadora disminuye el estrés, como también escuchando la grabación.

- Camina la equivalencia de dos kilómetros por día. Ayuda a relajarse.

Comprender el proceso de duelo
y aprender a superarlo

Hacer frente a la pérdida de alguien que amas es uno de los desafíos más grandes de la vida. A menudo, el dolor de la pérdida puede sentirse abrumador.

Puedes experimentar todo tipo de emociones difíciles e inesperadas, desde el shock o la ira hasta la incredulidad, la culpa y la profunda tristeza. El dolor también puede alterar la salud física, lo que dificulta el dormir, comer o incluso pensar claramente. Estas son reacciones normales a una pérdida significativa.

Pero si bien no existe una forma correcta o incorrecta de sufrir, existen formas saludables de lidiar con el dolor que, con el tiempo, pueden aliviar la tristeza y ayudarte a llegar a aceptar la pérdida, a encontrar un nuevo significado y seguir adelante con la vida.

Cuando estás de duelo, es más importante que nunca cuidarse a sí mismo. El estrés de una pérdida importante puede agotar rápidamente las energías y las reservas emocionales. Cuidar tus necesidades físicas y emocionales te ayudará a superar este momento difícil.

Enfrenta tus sentimientos. Puedes intentar suprimir tu dolor, pero no puedes evitarlo para siempre. Para sanar, debes reconocer el dolor. Tratar de evitar sentimientos de tristeza y pérdida sólo prolonga el proceso de duelo. El duelo no resuelto también puede generar complicaciones como depresión, ansiedad, abuso de sustancias y problemas de salud.

Expresa tus sentimientos de una manera tangible o creativa. Escribe sobre tu pérdida en un diario. Escribe tus pensamientos y sentimientos. Si has perdido a un ser querido, escribe una carta que diga las cosas que nunca pudiste decir; hacer un álbum de recortes o álbum de fotos de momentos memorables.

Hablar con la persona que has perdido como si él o ella estuvieran realmente presentes. Esto puede ser saludable y traer consuelo. Puedes hablar con ellos en voz alta mientras conduces en el auto. Puedes escribirles una carta. Puedes hacer las dos cosas, lo que sea que más te ayude.

Recuerda y celebra la vida de tu ser amado. Las posibilidades incluyen involucrarse en una causa u organización que fuera importante para tu ser querido; plantar un jardín en su memoria. Hacer algo reconfortante que honre la memoria de la persona cada vez que creas que lo necesites. Una persona prepara las recetas de su abuela cuando la echa de menos.

Cuida tu salud física. La mente y el cuerpo están conectados. Cuando te sientes físicamente sano, estarás en mejores condiciones para lidiar emocionalmente. Combate el estrés y la fatiga al dormir lo suficiente, comer bien y hacer ejercicio.

Intenta seguir con tus pasatiempos e intereses. Hay consuelo en la rutina y volver a las actividades que te brindan alegría y te acercan a otros. Esto puede ayudarte a llegar a aceptar tu pérdida y a ayudar en el proceso de duelo.

No permitas que nadie te diga cómo debes sentirte. Tu dolor es tuyo y nadie más puede decirte cuándo es el momento de 'seguir adelante' o 'debes superarlo'. Déjate sentir lo que sientes sin vergüenza ni juicio. Está bien estar enojado, gritar al cielo, llorar o no llorar. También está bien reír, encontrar momentos de alegría y relajarte cuando estés listo.

Planifique con anticipación los 'desencadenantes' de tristeza. Los aniversarios, las vacaciones y algunos eventos pueden despertar recuerdos y sentimientos. Prepárate para un golpe emocional y sepas que es completamente normal.

Seguir adelante con la vida. Lamentar la pérdida de un amigo cercano o pariente lleva tiempo, pero la investigación nos dice que también puede ser el catalizador de un renovado sentido del significado que ofrece un propósito y una dirección para la vida.

Las personas que sufren el duelo pueden encontrar útil usar algunas de las siguientes estrategias para ayudar a llegar a aceptar la pérdida:

Tiende una mano y ayuda a otros a lidiar con la pérdida. Ayudar a otros tiene el beneficio adicional de hacerte sentir mejor también. Compartir historias del difunto puede ayudar a todos a sobrellevar su dolor.

Obtén ayuda si se dan algunas de las siguientes condiciones:

• No te sientes capaz de sobrellevar las emociones abrumadoras o la vida cotidiana.

• Las intensas emociones no desaparecen.

• No puedes dormir.

• Tienes síntomas de depresión o ansiedad.

• Tus relaciones con otros son difíciles

• Tienes problemas sexuales.

• Te estás convirtiendo en propenso a los accidentes.

• Si estás cuidando a alguien que no afronta bien su situación.

El duelo cuando tienes hijos

Mantén tu rutina lo más normal posible y cuénteles lo que está sucediendo para que estén menos confundidos por todo.

Si ambos padres están de duelo por un ser querido, a veces es bueno que los niños vean que es normal sentirse triste y llorar.

Presta atención si tu hijo quiere compartir sus sentimientos, ya sea hablando, dibujando o jugando. Los niños necesitan sentir que son escuchados, así que inclúyelos en las decisiones y eventos si se siente bien.

Cuando muere un hijo

Se supone que los niños no deben morir. Los padres esperan ver crecer y madurar a sus hijos. En última instancia, los padres esperan morir y dejar atrás a sus hijos. Este es el curso natural de los acontecimientos de la vida, el ciclo de vida continúa como debería. La muerte de un niño significa la pérdida del futuro, de muchas esperanzas y sueños.

Una vez que una persona es padre, siempre será padre. Cuando un niño se convierte en un adulto y se va de casa, nadie dice que el padre del niño ya no es un padre sólo porque ya no tiene un hijo en su hogar. Es lo mismo con un padre que tiene un hijo que murió. Para toda la vida del padre, ese padre amará a su hijo con todo su corazón y pensará en su hijo todos los días. El padre puede tener otros hijos que viven para cuidar y amar incondicionalmente, pero eso nunca reemplazará al hijo que murió o eliminará el dolor que siente el padre después de la muerte.

La muerte de un hijo es un dolor tan profundo que no se puede expresar con palabras, y todos lo experimentan a su manera propia. La muerte de un hijo cambia la vida de uno. Hablar con otros padres que también han perdido a un hijo es útil para muchos padres afligidos, ya que comparten una experiencia similar de dolor, pero incluso entre padres afligidos el proceso de duelo puede variar mucho. No es raro que los padres afligidos se distancien de viejos amigos o familiares - pueden sentir que la persona que fueron antes de la muerte es muy diferente de lo que son ahora y les cuesta relacionarse con aquellos que conocían antes. Los padres también pueden buscar relacionarse con aquellos que están tan marcados por una pérdida como ellos.

El dolor es único para cada persona, al igual que una huella digital. A pesar de que los dos padres están sufriendo la muerte del mismo niño, su relación con sus hijos y sus estilos de duelo son diferentes. Es importante evitar juzgar al otro padre si su duelo es diferente. Los padres también deben reconocer que ahora ambos son personas diferentes de lo que eran antes de la muerte de su hijo y es natural que su relación cambie.

En general, cambiará de una de dos maneras: o los padres encontrarán su vínculo fortalecido al haber recorrido juntos esta tragedia, o se encontrarán a sí mismos tan diferentes después de la muerte que ya no saben cómo relacionarse entre sí. La apertura y la honestidad entre cónyuges es esencial para mantener un matrimonio, especialmente en tiempos de crisis. Es importante tomar el tiempo para hablar y realmente escuchar el uno al otro. Además, reconocer que, si bien es importante lamentarse juntos, también es vital que cada uno tenga apoyo adicional fuera de su matrimonio para buscar compartir y encontrar consuelo.

El dolor de un padre nunca dejará de ser, pero en algún momento el dolor no consumirá su vida tan completamente como lo hace al principio. Iniciar algún ritual o tradición para recordar la alegría que el hijo trajo a la vida de los padres/familia puede ayudar a los padres a mantener vivo el recuerdo del hijo. Celebrar el cumpleaños del hijo, encender una vela en la fecha de la muerte del hijo, o visitar regularmente el lugar donde el hijo ha sido enterrado o donde están dispersas sus cenizas son algunos de los rituales comunes que los padres usan para sentirse cerca de sus hijos. A los padres, también les resulta reconfortante crear rituales que giren en torno a los intereses del hijo en el momento de su muerte, por ejemplo, el padre de un hijo que realmente amaba leer puede elegir ser voluntario en una biblioteca o tutor de niños en la escuela local que están aprendiendo a leer.

Para la mayoría, la muerte de un hijo es la muerte más difícil de soportar. Es una pérdida que el padre, no importa cuánto tiempo pase, continuará llorando por toda su vida. Hay muchos recursos diseñados para ayudar a los padres que han sufrido esta terrible pérdida - no tienen que aguantar solos su dolor.

Cuando no mengua el dolor

La capacidad humana para el dolor y las aflicciones es como el bambú, mucho más flexible de lo que uno podría creer a primera vista. Los seres humanos son naturalmente resistentes, teniendo en cuenta que la mayoría de nosotros podemos soportar la pérdida y luego continuar con nuestras propias vidas.

Lamentablemente, a menudo se nos enseña que el dolor es malo y dañino. El dolor está destinado a despertarnos. Sin embargo, tratamos de esconder nuestro dolor. El dolor es algo que se debe llevar de buena gana, al igual que el sentido común. Porque sólo puedes reconocer lo fuerte que eres cuando la única opción que tienes es ser fuerte.

Sin embargo, algunas personas pueden luchar con un duelo por largos periodos de tiempo y sentirse incapaces de llevar a cabo actividades diarias. Las personas con un duelo severo pueden experimentar un duelo complicado. Estas personas podrían beneficiarse de la ayuda de un psicólogo u otro profesional con una especialización en el dolor o duelo.

A medida que pasa el tiempo después de una pérdida significativa, las emociones difíciles se vuelven menos intensas a medida que comienzas a aceptar la pérdida y comienzas a avanzar con tu vida. Sin embargo, si no te sientes mejor con el tiempo o si tu dolor empeora, puede ser una señal de que tu dolor se ha convertido en un problema más serio, como duelo complicado o depresión mayor.

Duelo complicado

La tristeza de perder a alguien que amas nunca desaparece por completo, pero no debe permanecer en el centro de tu vida. Si el dolor de la pérdida es tan constante y severo que te impide reanudar tu vida, puedes estar sufriendo una condición conocida como duelo complicado Esto es como estar atrapado en un estado intenso de luto. Puedes tener problemas para aceptar la muerte mucho después de que haya ocurrido o estar tan preocupado con la persona que murió que interrumpe tu rutina diaria y socava tus otras relaciones.

Síntomas de duelo complicado incluyen:

- Anhelo intenso y anhelo de tu ser querido fallecido
- Pensamientos o imágenes no deseados involuntarios de tu ser querido.

- Negación de la muerte o sensación de incredulidad
- Imaginando que tu ser querido está vivo
- Buscando a tu ser querido difunto en lugares familiares
- Evitar cosas que te recuerden a tu ser querido
- Ira o amargura extrema por la pérdida
- Sentir que la vida está vacía o sin sentido.

La diferencia entre la pena y la depresión

Distinguir entre el dolor y la depresión clínica no siempre es fácil, ya que comparten muchos síntomas, pero hay maneras de distinguirlos. Recuerda, el dolor o duelo puede ser una montaña rusa. Implica una gran variedad de emociones y una combinación de días buenos y malos. Incluso cuando estás en medio del proceso de duelo, aún tendrás momentos de placer o felicidad. Con la depresión, por otro lado, los sentimientos de vacío y desesperación son constantes.

Otros síntomas que sugieren depresión, no tan solo dolor, incluyen:

- Intenso y dominante sentido de culpa
- Pensamientos de suicidio o preocupación por la muerte
- Sentimientos de desesperanza o inutilidad
- Movimientos lentos del cuerpo y el habla
- Incapacidad para funcionar en el hogar, el trabajo y/o la escuela
- Ver o escuchar cosas que no están allí

¿Pueden los antidepresivos ayudar en el estado de duelo?

Como regla general, el duelo normal no justifica el uso de antidepresivos. Mientras que la medicación puede aliviar algunos de los síntomas del duelo, no puede tratar la causa, que es la pérdida en sí misma. Además, al adormecer el dolor que se debe superar eventualmente, los antidepresivos retrasan el proceso de luto.

Cuándo buscar ayuda profesional para el dolor

Si reconoces algunos de los síntomas anteriores de duelo complicado o depresión clínica, habla de inmediato con un profesional de salud mental. Si no se trata, el duelo complicado y la depresión pueden causar daños emocionales significativos, problemas de salud que amenazan la vida e incluso suicidio. Pero el tratamiento puede ayudarte a mejorar.

Comunícate con un consejero de duelo o un terapeuta profesional si:

- Sientes que la vida no vale la pena vivir
- Deseas que hubieras muerto con tu ser querido
- Te culpas por la pérdida o por no evitarlo
- Te sientes entumecido y desconectado de los demás durante más de unas pocas semanas
- Tienes dificultades para confiar en los demás desde tu pérdida
- No puedes realizar tus actividades diarias normales.

Buscar apoyo para el dolor

El proceso de recuperación requiere coraje...como decirle a alguien, con lágrimas en los ojos, que una vez estuviste felizmente casado, pero ahora vives solo o que tuviste tres hijos, pero solo dos viven.

Otros pueden sentirse incómodos al ver que expresas tus sentimientos (a veces) incontrolables. Se necesita coraje para no evitar estos sentimientos sólo para hacer que los demás se sientan 'mejores'. Es importante en este tiempo encontrar a otros que sí te entienden. Unirse a un grupo de apoyo por el dolor es una forma.

Más tarde (el tiempo varía según las personas y su relación con el difunto), los sentimientos profundos y abrumadores de tristeza disminuirán, aunque habrá momentos en que echarás de menos al que murió y te sentirás triste.

Cuídate bien de ti mismo, cuerpo y alma

Además de comer, dormir bien y hacer ejercicio, como caminar, es importante cuidar tu corazón y tu espíritu. Hacer algo específico puede ayudar enormemente. Muchas personas encuentran útil lo siguiente:

• Escribir los sentimientos y pensamientos en un diario.

• Escribir una carta sobre la pérdida (a la persona, a Dios, cualquiera que sea la situación). Cuando te sientas listo para seguir adelante, puedes descartar la letra o guardarla, pero guardarla en algún lugar fuera de la vista.

• Leer libros sobre el dolor o testimonios de otros.

• Orar diariamente/leer un libro de meditación.

El dolor del duelo a menudo puede hacer que desees alejarte de los demás y refugiarte en tu caparazón. Pero tener el apoyo cara a cara de otras personas es vital para sanarse de la pérdida.

Incluso si no te sientes cómodo hablando de tus sentimientos en circunstancias normales, es importante expresarlos cuando estás de duelo.

Si bien compartir tu pérdida puede hacer que la carga del dolor sea más fácil de llevar, eso no significa que cada vez que interactúes con amigos y familiares, debes hablar sobre tu pérdida.

El consuelo también puede provenir de estar simplemente cerca de otros que se preocupan por ti. La clave no es aislarte.

Encontrar apoyo después de una pérdida

Recurre a amigos y familiares: Ahora es el momento de apoyarse en las personas que se preocupan por ti, incluso si te enorgullece ser fuerte y autosuficiente. En lugar de evitarlos, acércate a amigos y seres queridos, pasa tiempo juntos y acepta la asistencia que se te ofrece.

A menudo, la gente quiere ayudar, pero no sabe cómo, así que diles lo que necesitas, ya sea un hombro para llorar, o simplemente alguien con quien pasar el rato. Si no tienes a nadie con quien puedes conectarte regularmente en persona, nunca es demasiado tarde para forjar nuevas amistades.

Saca consuelo de tu fe: Si sigues una tradición religiosa, abraza la comodidad que pueden proporcionar sus rituales de duelo.

Las actividades espirituales que son significativas para ti, como orar, meditar o ir a la iglesia, ofrecen consuelo. Si estás cuestionando tu fe después de la pérdida, habla con un miembro del clero u otras personas de tu comunidad religiosa.

Habla con Jesús acerca de tu dolor. Pídale que Él tome tu dolor. Él no quiere que lleves el dolor solo. Él dice: "Ven a mí y yo te daré descanso" (Mateo 11:28). Simplemente habla con Él como lo harías con un amigo de confianza.

Él conoce tus sentimientos de dolor - la tristeza, la ira, la amargura, el miedo al futuro o una miríada de otras cosas - lleva cada uno a Él y pídele que lo tome. Pon todas tus cargas en Sus tiernas y compasivas manos.

Únete a un grupo de apoyo: El dolor puede hacer que te sientas muy solo, incluso cuando tiene seres queridos cerca. Compartir tu pena con otras personas que hayan experimentado pérdidas similares puede ayudar.

Habla con un terapeuta o consejero de dolor: Si sientes que tu dolor es demasiado para soportar, busca un profesional de salud mental con experiencia en consejería de dolor. Un terapeuta experimentado puede ayudarte a manejar las emociones intensas y superar los obstáculos en tu duelo.

Los psicólogos pueden ayudar. Los psicólogos están capacitados para ayudar a las personas a manejar mejor el miedo, la culpa o la ansiedad que pueden asociarse con la muerte de un ser querido. Si necesitas ayuda para lidiar con tu dolor o para manejar una pérdida, consulta con un psicólogo u otro profesional de la salud mental.

Los psicólogos pueden ayudar a las personas a desarrollar su capacidad de recuperación y desarrollar estrategias para superar su tristeza.

Los psicólogos practicantes usan una variedad de tratamientos basados en la evidencia, la mayoría de las veces la psicoterapia, para ayudar a las personas a mejorar sus vidas. Los psicólogos, que tienen títulos de doctorado, reciben uno de los niveles más altos de educación de cualquier profesional de la salud.

VERSÍCULOS BÍBLICOS DE ALIENTO

El duelo puede ser el momento más difícil para las personas. Estás tratando de equilibrar los sentimientos de dolor y pérdida mientras avanzas en tu vida diaria. Estos versículos de la Palabra de Dios tienen como objetivo darte alivio, consuelo y aliento en tu esfuerzo para superarte y seguir adelante.

"Los que con lágrimas sembraron, con gritos de alegría cosecharán." Salmos 126:5 (PDT)

"El Señor está cerca, para salvar a los que tienen el corazón hecho pedazos y han perdido la esperanza. El hombre honrado pasa por muchos males, pero el Señor lo libra de todos ellos." Salmos 34:18-19 (DHH

"El Señor mismo irá delante de ti, y estará contigo; no te abandonará ni te desamparará; por lo tanto, no tengas miedo ni te acobardes." Deuteronomio 31:8 (DHH)

"Aunque la higuera no dé fruto ni la viña produzca uvas; aunque la cosecha del olivo se dañe, y los campos no produzcan alimento; aunque no haya ovejas en el corral, ni vacas en el establo; así y todo, yo me alegraré en el Señor, el Dios que me salva. El Señor Dios me fortalece, afirma mis pies como los de un venado para que yo camine en las alturas." Habacuc 3:17-19 (PDT)

"Concéntrense en todo lo que es verdadero, todo lo honorable, todo lo justo, todo lo puro, todo lo bello y todo lo admirable. Piensen en cosas excelentes y dignas de alabanza." Filipenses 4:8 (NTV)

"Los que confían en el Señor encontrarán nuevas fuerzas; volarán alto, como con alas de águila. Correrán y no se cansarán; caminarán y no desmayarán." Isaías 40:31 (NTV)

"Precisamente por eso sufro todas estas cosas. Pero no me avergüenzo de ello, porque yo sé en quién he puesto mi confianza; y estoy seguro de que él tiene poder para guardar hasta aquel día lo que me ha encomendado." 2 Timoteo 1:12 (DHH)

"Hermanos, no queremos que se queden sin saber lo que pasa con los muertos, para que ustedes no se entristezcan como los otros, los que no tienen esperanza. Así como creemos que Jesús murió y resucitó, así también creemos que Dios va a resucitar con Jesús a los que murieron creyendo en él." 1 Tesalonicenses 4:13-14 (DHH)

"Pero Job le respondió: —No digas tonterías. Si aceptamos todo lo bueno que Dios nos da, también debemos aceptar lo malo. Y a pesar de todo lo que le había sucedido, Job no pecó contra Dios diciendo algo malo." Job 2:10 (TLA)

"El eterno Dios es tu refugio, y acá abajo los brazos eternos. El echó de delante de ti al enemigo." Deuteronomio 33:27

"Te protegerá con sus alas y bajo ellas hallarás refugio. Su fidelidad será tu escudo y tu muralla protectora. No te atemorizará el peligro de la noche, ni las flechas que se lanzan en el día; tampoco la plaga que anda en la oscuridad, ni el destructor que llega a plena luz del día." Salmos 91:4-6 (PDT)

"Tú, Señor, eres mi protector, mi lugar de refugio, mi libertador, mi Dios, la roca que me protege, mi escudo, el poder que me salva, mi más alto escondite, mi más alto refugio, mi salvador. ¡Me salvaste de la violencia!" 2 Samuel 22:2, 3 (DHH)

"Yo te pido que seas fuerte y valiente, que no te desanimes ni tengas miedo, porque yo soy tu Dios, y te ayudaré por dondequiera que vayas." Josué 1:9 (TLA)

"El Señor atiende al clamor del hombre honrado, y lo libra de todas sus angustias." Salmos 34:17 (DHH)

"Pues Dios no nos ha dado un espíritu de temor, sino un espíritu de poder, de amor y de buen juicio." 2 Timoteo 1:7 (DHH)

"Estoy convencido de que Dios empezó una buena obra entre ustedes y la continuará hasta completarla el día en que Jesucristo regrese." Filipenses 1:6 (PDT)

"Sean fuertes y valientes, todos los que esperan la ayuda del Señor." Salmos 31:24 (PDT)

"No temas, estoy contigo. Yo soy tu Dios, no tengas miedo. Te fortaleceré, sí, te ayudaré. Te salvaré con mi mano

victoriosa. Porque yo, el Señor tu Dios, te tomo de la mano. Yo soy el que te dice: Te ayudaré, no tengas miedo". Isaías 41:10, 13 (PDT)

"El Señor es mi luz y mi salvación. ¿A quién podría yo temerle? El Señor es la fortaleza de mi vida, así que no le temo a nadie. No tendré miedo aunque todo un ejército me rodee. Confiaré en Dios aunque me declaren la guerra." Salmos 27:1, 3 (PDT)

"Dios no nos negó ni siquiera a su propio Hijo, sino que lo entregó por nosotros, así que también nos dará junto con él todas las cosas." Romanos 8:32 (TLA)

"El Señor que te creó te dice: «No temas, que yo te he libertado; yo te llamé por tu nombre, tú eres mío." Isaías 43:1 (DHH)

"Mantengámonos firmes sin titubear en la esperanza que afirmamos, porque se puede confiar en que Dios cumplirá su promesa." Hebreos 10:23 (NTV)

"Por eso, no dejen de confiar en Dios, porque sólo así recibirán un gran premio. Sean fuertes, y por ningún motivo dejen de confiar en él cuando estén sufriendo, para que así puedan hacer lo que Dios quiere y reciban lo que él les ha prometido." Hebreos 10:35-36 (TLA)

"Yo reconozco que tenemos que sufrir ahora, pero esos sufrimientos no son nada comparados con toda la gloria que vamos a recibir después." Romanos 8:18 (PDT)

"Confía en el Señor totalmente, no en tu propia sabiduría. Ten en cuenta a Dios en todo lo que hagas, y él te ayudará a vivir rectamente." Proverbios 3:5-6 (PDT)

"El Señor es mi luz y mi salvación, entonces ¿por qué habría de temer? El Señor es mi fortaleza y me protege del peligro, entonces ¿por qué habría de temblar?

Aunque un ejército poderoso me rodee, mi corazón no temerá. Aunque me ataquen, permaneceré confiado.

Espera con paciencia al Señor; sé valiente y esforzado; sí, espera al Señor con paciencia." Salmos 27:1, 3, 14 (NTV)

"Alégrense en la esperanza, tengan paciencia en las dificultades y sean constantes en la oración." Romanos 12:12 (PDT)

"Sólo en Dios encuentro paz; pues mi esperanza viene de él." Salmo 62:5 (DHH)

"Confíen siempre en Dios, cuéntenle todos sus problemas, Dios es nuestro refugio." Salmos 62:8 (PDT)

"¡No se desalienten ni entristezcan, porque el gozo del Señor es su fuerza!" Nehemías 8:10 (NTV)

"Aunque pasamos por muchas dificultades, no nos desanimamos. Tenemos preocupaciones, pero no perdemos la calma. La gente nos persigue, pero Dios no nos abandona. Nos hacen caer, pero no nos destruyen." 2 Corintios 4:8-9 (TLA)

"Yo estoy seguro de que nada podrá separarnos del amor de Dios: ni la vida ni la muerte, ni los ángeles ni los espíritus, ni lo presente ni lo futuro, ni los poderes del cielo ni los del infierno, ni nada de lo creado por Dios. ¡Nada, absolutamente nada, podrá separarnos del amor que Dios nos ha mostrado por medio de nuestro Señor Jesucristo!" Romanos 8:38-39 (TLA)

"Diré yo a Jehová: Esperanza mía, y castillo mío; Mi Dios, en quien confiaré." Salmo 91:2

"...tendrás tesoro en el cielo; ...ven y sígueme." Mt. 19:21

"...recibirás una corona de gloria y honor eternos." 1 Pedro 5:4 (NTV)

"Vengan a mí todos los que están cansados y llevan cargas pesadas, y yo les daré descanso. Acepten mi enseñanza y aprendan de mí que soy paciente y humilde. Conmigo encontrarán descanso. Mi enseñanza es agradable y mi carga es fácil de llevar." Mateo 11:28-30 (PDT)

"Ciertamente (Jesús) no vino para ayudar a los ángeles, sino a los descendientes de Abraham. Y para eso tenía que hacerse igual en todo a sus hermanos, para llegar a ser Sumo sacerdote, fiel y compasivo en su servicio a Dios, y para obtener el perdón de los pecados de los hombres por medio del sacrificio." Hebreos 2:16-17 (DHH)

"Él sana a los que tienen roto el corazón, y les venda las heridas." Salmos 147:3 (DHH)

TESTIMONIOS

No estás solo en tu dolor. Ayuda mucho conocer las dificultades que pasan otras personas y así darnos cuenta de que otros también están en la misma situación o tal vez peor. También puede ser de ayuda saber sus reacciones y cómo han enfrentado su duelo. Con ese propósito están incluidos aquí.

Primero quisiera compartir una vivencia de mi esposo Jose. Recuerda que 'superar' la muerte de tu ser amado no quiere decir olvidarlo, ni mucho menos – siempre lo recordamos - y nos hace bien revivir los tiempos juntos. Es bueno pensar en esa persona si no nos agobiamos, si podemos estar en paz y seguir viviendo.

Pero también es normal tener momentos reflexivos, de nostalgia, unos momentos de tristeza y lágrimas sin perder la paz. Como le pasó a José una día - cinco años después que hayamos perdido a Esteban.

"La historia de Abraham e Isaac ahora adquiere otro significado para mí. ¿Quién puede estar preparado para entregar a su hijo? No pude dejar de pensar en Esteban. Mi amado Esteban. Nuestro querido Stevie. Desde siempre él quería servir a Dios. Y como adolescente le dijimos que sí cuando nos dijo que quería servir "tiempo completo" al Señor. ¿Sería que ya nos lo estaba pidiendo?... en ese momento no fuimos conscientes que nuestro sí a Esteban era decirle a Dios... "nuestro hijo es Tuyo.""

Hoy puedo ver que Él en Su amor nos preparó para el desenlace que vendría. Pero no lo dejó como a Isaac. Se lo llevó como hizo con Enoc.

Se detiene el tiempo mientras escribo mirando por la ventana del segundo piso. Quedo como tocado emocionalmente. Estoy como en un punto muerto. La gente va y viene por la calle…pero es como si todo estuviera en movimiento, pero en un silencio eterno. Todo pasa ante mis ojos. No me importa. O sí. Es una sensación de flotar en el tiempo. No puedo dejar de mirar el movimiento de las personas y los diferentes vehículos entremezclados en la calle tan angosta. El viento es más fuerte hoy. Una madre pasa con su bebé. Un anciano entra al kiosco...unos van...otros llegan. La luz del sol me embriaga la vista. Un camión gigante frena casi sobre una persona en el paso de cebra para no embestirla. Escucho tantos ruidos entremezclados a los que generalmente no pongo atención.

La vida parece encerrar una sucesión de movimientos. No se detiene. La mujer regresa sobre sus pasos con su bebé. Es sólo un momento y no podría discernir la cantidad de cosas que veo y escucho en un punto minúsculo del universo aquí en mi calle y mirando por mi ventana. ¿Sólo un grano de arena en el desierto? Sé, sin embargo, que cada diminuta arenilla se encuentra en el lugar preciso entre el tiempo y el espacio desde la eternidad. La Biblia está abierta y yo no pude seguir leyendo.

No sé porque estoy haciendo esto. A veces siento esta necesidad de expresar mis sentimientos. Las lágrimas se han secado de mis ojos. Todo porque estaba leyendo Génesis capítulo 22 - "Dios puso a prueba a Abraham." A veces la prueba es para prepararnos para el futuro... por eso nos quejamos tanto. Siempre la prueba presente nos capacita para el futuro. Lo que pasa es que nosotros no lo vemos. Normal. Y para esto, ¿quién es suficiente?... cada alma llora su propia tristeza y sólo ella puede entenderla.

El carácter se va forjando a medida que avanzamos por la vida. Y de acuerdo a esa madurez que alcanzamos, quizás cuando no vemos nada podamos decir como Abraham a su hijo: "El cordero, hijo mío, lo proveerá Dios". Porque aún en los momentos en que mis ojos no ven solución alguna Dios se ocupará de mí. Cuantas gracias te doy Señor que cada vez que pienso en Esteban puedo sentir una paz sobrenatural que me dice: "¡Yo he provisto para él lo mejor!"

Paz en el dolor

Cherie Rickard – Perdió su hijo de 18 años en un accidente automovilístico en 2007. Ella cuenta su experiencia:

"El dolor puede ser muy abrumador y nos deja con la

sensación de impotencia. Sentirás que tu vida ha terminado. Puedo asegurarte de que tu vida continúa aunque no sientas que lo deseas. La vida que ahora llamarás tu 'nueva vida normal' comenzará lentamente. Es posible que te quedes sentado durante horas sin hacer nada, pero está bien, siempre y cuando puedas cuidar de tí mismo y a los demás que realmente necesitan tu atención.

No importa lo mal que te sientas un día, es solo un día. Cuando te vas a dormir llorando, te despertarás con el poder de elegir cómo quieres vivir ese día. Despiértate mañana y di en voz alta: Hoy elijo vivir como (nombre) querría que lo haga. Elijo recordar un feliz recuerdo. El dolor va y viene como una montaña rusa viciosa. Un día puedes hablar sobre tu hijo y al día siguiente no puedes hablar o escuchar su nombre sin tener un colapso total.

Todo esto es parte de tu nueva vida normal. No te olvides, está bien llorar. Hazlo a menudo, pero no olvides que también está bien reírse. No te sientas culpable por sentir emociones positivas, incluso cuando se trata de perder a alguien tan amado. Vigila tus pensamientos – reemplaza tus pensamientos negativos por pensamientos positivos.

Intenta cuidarte bien comiendo sano y/o yendo al gimnasio, incluso si no lo deseas. Esto sigue siendo una lucha para mí y lo ha sido a pesar de que ya pasaron diez años. Es posible que descubras que lo haces bien durante unos meses, pero que luego recurres a tus viejas costumbres depresivas. Sí, sucede, pero mientras vuelvas a encontrar el rumbo, estarás bien.

No excluyas a la gente de tu vida ni ocultes cómo te

sientes. Perderás relaciones y obtendrás nuevas relaciones durante el viaje de duelo en tu vida.

Algunas personas te sorprenderán, tanto por lo bueno como por lo malo, pero recuerda que aquellos que te aman pueden ser heridos si no les permites que te ayuden. A veces te buscarán porque no saben cómo lidiar con su dolor. No te desconectes. Ellos necesitan el contacto contigo y tú necesitas el suyo.

Ayuda a otros. Esto puede parecer desafiante, especialmente cuando ni siquiera tienes la energía para salir de la cama. Pero mantén el teléfono o la computadora a mano y tiende la mano a aquellos a quien amas y confías, tanto como puedas.

Dios te ayudará…y está bien clamar. Nunca te decepcionará. Te dejará gritar, llorar y hacer preguntas. Lanza todas tus emociones a Él. Él está cerca de los quebrantados de corazón. Culpar a Dios por tu pérdida no traerá a tu amado de vuelta, pero puede ser un obstáculo para tu espíritu y un impedimento a tu sanidad y los que te rodean.

Preguntarás "¿Por qué?" Sin respuestas más veces de las que puedas contar. Lo que ayuda es la oración, pidiéndole a Dios misericordia y fortaleza. Él te mostrará cómo ser fuerte. Él te dará fuerza. Puedes preguntar "¿Cómo?" Pero probablemente sea mejor no preguntar por qué murieron, sino ¿cómo vivieron? Y, ¿cómo podemos honrar su memoria?

Tratarás de escapar del dolor ocupándote de muchas cosas. Pensarás que, si no piensas, el dolor simplemente desaparecerá. Esto no es realmente cierto.

Consejos:

Tómate el tiempo para procesar y comenzar a sanar. La comida, los licores, las drogas, los pasatiempos, el trabajo y otras relaciones parecerán alejar el dolor y darte paz. Pero si estás tratando de usar cualquier cosa para adormecer el dolor, eso puede conducir a otros problemas, cambios peligrosos de estilo de vida o no saludables. Te recomiendo buscar ayuda inmediatamente antes de que tu situación empeore y te consuma.

Es posible que te pregunten: "¿Cuántos hijos tienes?" Está bien incluir a tu hijo fallecido en esa respuesta. Después de todo, él o ella siempre es tu hijo. Por lo general, respondo diciendo: "Tengo tres hijos y mi segundo hijo falleció". Normalmente la reacción es una mirada sorprendida pero simplemente sonrío y continúo la conversación. Si alguien se siente incómodo, ese no es tu problema, sino suyo.

Está bien disfrutar tu vida sin sentirte culpable. Estás vivo y tu ser querido no hubiera querido que estés llorando todo el tiempo. Está bien estar enfadado siempre que puedas superarlo.

Toma un poco de sol. Esconderse en una habitación oscura sólo puede obstaculizar tu progreso. Trata de sentarte a la luz del sol durante unos minutos todos los días. La vitamina D tiene un impacto directo en el funcionamiento del cerebro, y la luz solar es la principal fuente de vitamina D.

Deja que otros también tengan una vida y se diviertan sin que se sientan como si debieran estar de luto. Todos enfrentan el dolor de manera diferente.

Dependiendo de las circunstancias de la muerte, es probable que te encuentres con ganas de culpar a otros por tu dolor y esto no es saludable. Ya sea culpa de otro o, en el caso de mi hijo solo un accidente al azar sin que nadie más esté involucrado, el dolor sigue ahí y la sanidad proviene de Dios desde tu interior y la fuerza que encuentras en Él.

Si tienes otros hijos, debes seguir viviendo fuerte por ellos. No compares sus talentos, personalidades o sueños; solo apóyales por ser como son y recuerda que su pérdida es un dolor que tal vez no veas sino después de mucho tiempo.

Aunque siempre quede un vacío en tu corazón por alguien que ya no está más contigo, Dios sana el corazón quebrantado. El sol volverá a brillar, podrás reír y disfrutar de la vida."

Encontrar la paz en un océano de dolor

Meredith Fields Lawler, LCSW. Publicado después de la muerte de su padre.

"Hay días en que mi dolor es un río lento. Puedo caminar tranquila y pacíficamente a través de él. Puedo sentir las rocas y los lugares irregulares debajo de mis pies, pero tengo la fuerza para caminar alrededor de ellos, puedo reconocer y aceptar que el camino no es llano, pero todavía estoy de pie y moviéndome.

Luego, otros días, mi dolor es un océano vasto y ancho y una tormenta está sobre el mar. No puedo ver el fondo, y me cuesta recuperar el aliento cuando las olas se cierran sobre mí y me pregunto si me ahogaré en la tristeza y la desilusión.

El dolor viene en oleadas y estoy aprendiendo que la sanidad también viene en oleadas - si me permito sentirlo todo y aceptar la incomodidad y el dolor. Estoy experimentando lo que significa no alejar el dolor, sino permitir que las olas me cubran, noche tras noche, y confiar en que la corriente finalmente me devuelva a la orilla.

Siento gracia, paz y la presencia de Dios mientras que yo hago el espacio para llorar a mi padre y recordarme a mí mismo que la paz llegará."

Una Trayectoria con Dios y el Cáncer

Elizabeth Groves cuenta su experiencia después que su esposo, Al, falleciera de cáncer en 2008. Tiene 4 hijos.

"Dios nos conduce al sufrimiento, incluso a través del valle de la sombra de la muerte, por Su propósito en nuestras vidas: un propósito amable, lleno de gracia y elevado. Dios, el Padre, se encuentra con nosotros en nuestro sufrimiento. Dios, el Hijo, viene junto a nosotros como compañero sufriente, Uno que se ha enfrentado a la muerte y la ha vencido. Dios, el Espíritu, nos llena del poder que resucitó a Jesús de entre los muertos y nos recuerda la gloriosa herencia que tenemos en Cristo.

Dios dirige nuestros corazones y nos atrae hacia sí mismo. El Salmo 138: 8 ha sido un gran estímulo sobre la gracia de Dios en mi vida...Él cumplirá Su propósito para mí precisamente porque Su fiel amor perdura para siempre. Dios puede sanar. Sólo Dios puede sanar. Él elegirá lo que hará por Su propósito de gracia. No hay duda de que Dios puede sanarme, pero no puedo suponer que lo hará. Sé de que hará lo que sabe es mejor en Su fiel amor.

Podemos darle la espalda a Dios con ira. Podemos creer que sabemos mejor que Él y que su disposición a permitir que ocurra el sufrimiento es estúpido o incorrecto, o que no le importa, o que es cruel y nos niega el bien. Por supuesto, esa mentira es tan antigua como el Jardín del Edén, donde Satanás le engañó a Eva (Génesis 3: 4-6). Podemos alejarnos de Dios y darle la espalda, o dejar que la ira y el resentimiento ardan sin expresarse. Si dejamos que nuestros corazones vivan allí y se vuelvan amargados, la fe eventualmente se marchitará, y habremos permitido que la ira nos aleje de Dios.

Si hubiera sabido todo antes de tiempo, entonces no habría necesitado confiar en Él ni depender tanto de Él. Y aunque podría haberlo preferido, habría sido mi gran pérdida. Él es amable para llevarnos a través de los lugares difíciles donde no tenemos más opciones que poner nuestra mano temblorosa en la Suya y aferrarnos con fuerza, sabiendo que puede haber cosas aterradoras en el camino, pero que nos guiará de forma segura y nos protegerá bien. No tener otra opción me permitió hacer eso. Y Él estaba allí, aferrándose aún más fuerte a mi mano.

Gradualmente descubrimos la verdad de que no hay un atajo a través del duelo, ni una forma 'eficiente' de minimizar su dolor. Si hay una forma temporal de 'evitarlo', tomar ese camino es imprudente. Sólo pospone tener que lidiar eventualmente e inevitablemente, con el dolor. Sólo teníamos que caminar a través de ello. Así que lo hicimos, un día a la vez. Y el Señor caminó con nosotros.

Dios se encuentra con cada persona en el duelo, y lo hace de muchas maneras diferentes. Puede encontrarse con personas afligidas de maneras que difieren de las que experimentamos nosotros. A menudo muestra Su amor a través de las personas, pero si alguien está solo, puede manifestar Su amor a través del Espíritu Santo, que es suficiente para consolar, fortalecer y sostener. Esto sé, que cualquiera sea la manera, <u>Él estará allí</u>.

Durante el año en que Al estaba muriendo y durante mucho tiempo después, descubrí una y otra vez que había tres modos en los que yo parecía operar. (1) A veces simplemente estaba ocupada haciendo las cosas cotidianas. (2) Algunas veces sentía intenso dolor y aflicción al extrañar a Al. (3) A veces me cautivaba la esperanza y la gloria del Cielo y el hecho de que Al lo estaba experimentando. Estos tres modos entraron y salieron de mis días de manera fortuita, especialmente en el año posterior a la muerte de Al. Descubrí que los tres modos eran necesarios. Si hubiera vivido sólo en el agitado presente, sin permitirme enfrentar el dolor de la muerte de Al, me habría quedado emocional y espiritualmente lisiada. Sin embargo, sí necesitaba funcionar en el presente y caminar por fe el camino que el Señor puso delante de mí. Si sólo hubiera vivido en el dolor, me habría sentido abrumada. Sin embargo, era importante abrazar y procesar ese dolor. Y si sólo hubiera pensado en el Cielo, me hubiera visto tan atrapada por su gloria que nunca hubiera logrado hacer nada. Sin embargo, necesitaba absolutamente la esperanza y la alegría que surgió de saber que Al estaba allí y que algún día yo también llegaría allí. Pudo haber sido tentador evitar cualquiera de los diferentes modos, pero si quería ser mental, emocional y espiritualmente completa, los tres eran necesarios.

Cada uno de nosotros procesamos nuestro dolor en nuestro propio tiempo y a nuestra manera. Estoy tan agradecida de que nadie me haya apresurado. Creo que a veces las personas tratan de apresurar a sus seres queridos a través de su dolor porque es difícil verlos apenados. Pero mis hijos y amigos me han dado espacio para tomarme mi tiempo. Fue reconfortante para mí estar rodeada de las cosas de Al, así que dejé algo de su ropa en el armario y algunas de sus cosas en el cajón del baño durante bastante tiempo. De hecho, probablemente pasaron cinco años antes de que limpiara el último de ellos, y cuando lo hice, me sentí triste todo el día.

La otra cosa que marcó la diferencia es que Dios está con nosotros. Eso es lo que significa "Emanuel". El cuidado de Dios para nosotros ha sido realmente exquisito, al igual que (en fe) le aseguré a Al que sería. A menudo he escuchado decir a la gente que a través del sufrimiento llegaron a conocer a Dios mucho mejor, y eso ciertamente ha sido cierto para mí al perder a Al. Este no es el camino que habría elegido. Pero he visto el amor increíble, abrumador, infalible, tierno, protector y fiel del Señor como nunca lo había hecho antes, y lo he llegado a conocer y acercarme a Él que, de otra manera, estoy segura, no hubiera sucedido. Eso es algo que no cambiaría. Honestamente, este ha sido uno de los períodos más vibrantes y llenos de gloria de mi vida.

Finalmente, conocer a Dios como nuestro Padre, un Padre amoroso, misericordioso, generoso, fiel y bondadoso, hizo una diferencia cada día para Al y para nosotros. Y sabiendo que Jesús había derrotado a la muerte y abierto el camino al Cielo para Su pueblo, le quitó el aguijón a la muerte y deshizo nuestro dolor."

Sobrevivir el suicidio de mi hijo

Suzy LaBonte comparte su historia. Su hijo sobresaliente de 16 años decidió quitarse la vida sin previo aviso. No dejó nada para indicar el motivo.

"Como personas ocupadas, queremos borrar nuestra incomodidad con una pastillita, una consulta médica, una solución rápida o una oración de emergencia dirigida apresuradamente a las puertas del Cielo. La Biblia nos desafía a esperar en el Señor para encontrar una nueva fortaleza. ¿Podría ser que la fuerza llega cuando no hacemos nada más que esperar? ¿Sólo esperar? Qué extraño que pudiera hacer poco para aliviar mi sufrimiento, excepto aferrarme a la promesa de que la ayuda llegaría a su debido tiempo.

Nada en la naturaleza o en el duelo puede ser apresurado. Del mismo modo que se destruye un tierno capullo de rosa cuando se lo abre forzosamente, tendría que esperar con calma y dejar que el tiempo, la naturaleza y Dios hagan su trabajo curativo. Yo era la única que podía elegir cuál sería mi reacción ante la muerte de mi hijo, y estaba decidida a hacer algo más que simplemente sobrevivir.

"¿Se pone más fácil con el tiempo?" Debo admitir que después de cinco años se siente mejor que tres semanas o dos meses o un año. Tal vez con el tiempo - aunque la muerte siga siendo devastadora - se convierte únicamente en tuya, algo familiar e incluso extrañamente cómoda, como un abrigo viejo, descolorido y gastado que se ajusta perfectamente a tus hombros, aunque te hayas cansado del estilo y el color y prefieres reemplazarlo por una prenda más atractiva.

Protege tu matrimonio y relaciones cercanas. No juegues el juego de la culpa ni alejes aquellos que más necesitas en tu vida. Comprométanse a trabajar juntos para lograr la sanidad, entendiendo que el estilo de duelo de cada persona será diferente.

La muerte por suicidio puede desafiar las creencias que una vez sostuviste o hacer que reexamines tu fe. No le des la espalda a Dios. Él es lo suficientemente grande como para aceptar toda tu confusión, tus dudas y cuestionamientos. Háblale. Pase tiempo leyendo la Palabra de Dios. Intenta comprender realmente quién es Dios en lugar de tratar de determinar cuál fue Su papel en la muerte.

Durante muchos años creí que lo peor de mi vida era perder a mi hijo. Ahora sé que lo peor sería nunca haberlo conocido. Doy gracias a Dios por haberme elegido para ser su madre, porque su vida me trajo mucha alegría y deleite. Para siempre, seguirá siendo el buen regalo de Dios para nuestra familia."

Cuando Dios te rompe el corazón

Ed Underwood. Relata su lucha padeciendo síndrome de Sezary, una forma agresiva de cáncer en la sangre que causa diversas afecciones de la piel incluyendo una picazón sangrante intolerable.

> "Seguimos pidiéndole a Dios que me sane de esta enfermedad, pero Él continúa pidiéndome que viva todos los días a pesar de esta dolencia.
>
> Le pediste a Dios que dejara vivir a tu bebé, pero Él te está pidiendo que sigas adelante con sólo su memoria y la esperanza de verla en el Cielo. Le pediste que salvara tu matrimonio, pero Él te está pidiendo que críes a tus hijos como madre soltera. Le pediste que dejara vivir a tu ser querido porque no podías vivir sin él, pero Él te está pidiendo que vivas tus años sin aquel que tanto amas.
>
> Su amor por ti puede definir tu vida, incluso cuando tu corazón está roto. Es posible que no te recuperes de esta enfermedad. Es posible que tu esposo o esposa nunca regrese. Nunca superarás la muerte de tu hijo. La vida siempre va a parecer vacía mientras vives sin tu compañero de vida. La vida no dejará de doler, pero tampoco Jesús dejará de preocuparse por ti. Si confías en Él, Él te mostrará Su gloria.
>
> Pero recuerda esto: todos los días que te despiertes, estás tan vivo ese día como cualquier persona en la tierra. Y cada día que estás vivo es un día en que el Señor Jesús tiene algo que hagas. Puede ser para sobrevivir a tu tratamiento de quimioterapia. Puede ser para dormir y orar. Pero hay una razón por la que Él te dio aliento.

Jesús les promete a sus discípulos: "Deben elegir estar cerca de Mí. Aquellos que lo hacen sabrán el poder de la oración contestada, conforme hacen grandes cosas por Mí. Pero, más importante aún, sólo aquellos que permanecen en Mí conocerán la alegría de la más profunda experiencia de amor con el Hijo de Dios, una amistad tan cercana que conocerán las verdades más profundas de Mi Padre." (ver Juan 15: 1-15).

Hay una terapia para aquellos que caminan con Él: es sólo al permanecer en Su amor y guía mientras caminamos por las aguas tranquilas de la vida diaria, y aprendemos a confiar en Él para las emergencias y desilusiones menores, que obtenemos la fuerza de la fe y reconfortantes verdades que fortalecerán nuestra alma en nuestro día de aflicción.

Él te ha preparado para una bendición reservada sólo para aquellos que sufren."

Dios no duerme - Esperando la luz del día en las noches oscuras de la vida

Palmer Chinchen comparte en su libro:

"El sufrimiento, en todas sus diversas formas, es el punto de contraste por el cual se revelan todas las cosas buenas. Si eres como yo, rara vez notas la luna en el cielo de la tarde; pero en el tono negro de la noche, aparece como una luz radiante.

De la misma manera, Jesús, la Luz del Mundo, siempre

ha estado brillando, pero la grandeza de Su gloria nos fue revelada en el momento más oscuro de la historia: la cruz.

Como todos los demás en el mundo, hacemos nuestro mejor esfuerzo para escapar del sufrimiento; incluso Jesús le pidió al Padre que lo liberara del dolor de su muerte. Siempre es más fácil aferrarse a la comodidad que a la cruz, pero este último ofrece recompensas mucho mayores."

¿Cuándo termina el duelo?

Andy Johns relata su experiencia tras la muerte de su madre:

"Mi madre murió cuando tenía 10 años. Ahora soy un hombre de 29 años. Habiendo lidiado con su pérdida durante casi 20 años, puedo decirte que el dolor no desaparece. La intensidad del duelo puede cambiar con el tiempo y las características del duelo que experimentas también cambian. Sin embargo, el dolor arraigado en la muerte de un ser querido nunca se va y eso es algo bueno.

El duelo, no se trata de hacer que termine lo más rápido posible. El duelo es un proceso humano esencial y debe ser aceptado, no ignorado o acelerado. Como dijo Steve Jobs, "es muy probable que la muerte sea la mayor invención de la vida". Es el agente de cambios en la vida y debes pensar sobre el dolor como el entorno en el que ocurre el cambio. Por ejemplo, Dashrath Majhi. Después de la muerte de su esposa, este hombre pasó 22 años (1960-1983) forjando un camino a través de una cadena montañosa cercana para que otros aldeanos pudieran acceder a la ayuda médica local más fácilmente. Por la pérdida de su esposa, este hombre cambió la vida de otros. Estoy seguro de que cada vez que recogió sus herramientas sintió pena, pero se transformó a través de ese proceso en un humanitario.

No todos responderán de manera tan monumental. Pero la muerte nos cambia y el dolor es el entorno en el que ocurre ese cambio. No preguntes qué tan rápido puede terminar el dolor. En su lugar, debes preguntar "¿Cuándo puedo comenzar y qué podría experimentar en el trayecto?"

Si tuviera que describir la naturaleza del dolor, describiría el dolor con estas palabras: estacional, imperceptible pero influyente, interminable.

Estacional: por lo que he experimentado, puedo decir que el duelo tiene una periodicidad. Lo estacional del duelo durante las vacaciones es un ejemplo común. Para muchas personas, las vacaciones significan pasar tiempo con las personas que uno ama y eso es cierto incluso para aquellos que ya no están físicamente aquí. Lo estacional del duelo también puede aparecer cuando llega la fecha de la muerte de esa persona o cuando llega su cumpleaños. También existe en intervalos más grandes. Por ejemplo, mi dolor por la pérdida de mi madre cuando tenía entre 10 y 12 años era muy diferente al dolor que experimenté cuando tenía casi 30 años.

Cuando era niño, mi dolor era la angustia de la pérdida y la ansiedad por la separación que conlleva. Como adulto, experimento dolor de una manera diferente. Cuando pienso en tener una familia propia algún día, pienso en cómo desearía que mi madre pudiera estar para conocerla.

Pienso en lo que ella podría decirme como un hombre adulto cuando podría usar sus consejos maternales.

Imperceptible pero influyente: el dolor será más aguda en el principio. El dolor disminuirá a medida que pase el tiempo y el dolor mismo puede pasar momentáneamente. Sin embargo, la pérdida y el dolor que experimentas continuarán influenciando lo que eres y lo que haces imperceptiblemente en el futuro. En mi caso, el dolor me influenció en forma de logros. La pérdida fue demasiado para mí cuando era un niño, así que en un momento dado mi mente tomó la decisión de apagar el interruptor de duelo y activar el interruptor de logros y pasé los siguientes 19 años tratando de lograr todo lo que pude. No hice esto intencionalmente. Simplemente sucedió así.

Todas esas cosas son buenas. ¡Estoy orgulloso de ellos! Pero en algún momento es necesario sentarse, relajarse, hacer menos y estar completamente satisfecho consigo mismo, porque si no lo haces, te agotarás, ya que esa es demasiada presión para uno mismo.

Interminable. La pena no desaparecerá por completo. Se volverá mucho más manejable con tiempo y esfuerzo. Es de esperar que el dolor desaparezca y reaparezca a lo largo de la vida. Ese es el estado natural de las cosas. La gente debe formar estrechos vínculos entre sí y tener relaciones amorosas. Entonces, junto con el amor, debes esperar dolor.

Para mí, he pasado por dos períodos distintos de intenso duelo por la pérdida de mi madre. El primer período tuvo lugar cuando tenía entre 10 y 12 años. El cambio que hubo como resultado, hizo que mi vida fuese mejor. Crecí más cerca de mis hermanos mayores y hoy son mis mejores amigos, tuve éxito en la escuela, los deportes y tuve una buena vida social y eso me llevó a amar mi tiempo en la escuela secundaria y la universidad. He sido muy afortunado con mi carrera.

Hace aproximadamente un año entré en la segunda etapa del duelo (¡y no fue fácil!), Pero me acerqué de manera agresiva y constructiva y ya está empezando a producir beneficios. Estoy desarrollando un enfoque más sólido de la vida en el sentido de que no me siento presionado a siempre tener éxito (¡eso te desgasta!), Y puedo sentir que estoy madurando emocionalmente hasta un punto que me preparará para conocer a alguien y formar mi propia familia algún día. Estoy pensando en lo que quiero que sea el trabajo de mi vida y ayudar a los demás parece ser el centro de todo.

No pienses en qué tan rápido puedes superar la pena y tampoco creas que puedas evitarla. El dolor saldrá a la superficie de una forma u otra. Lo mejor es que abordes el duelo como un proceso saludable y que produzca un cambio que te prepare para la siguiente fase de tu vida."

Cómo lidiar con el dolor y la pérdida cuando eres muy sensible

Tree Franklyn nos comparte de su libro "Guía de Sobrevivencia para Personas Empáticas y Mujeres Altamente Sensibles con Profundos Sentimientos"

"Hay 6 cosas que aprendí después de la muerte de mi

padre que me impidieron ser arrastrada por el dolor y la tristeza.

1) La gente muere.

Sí, sucede. Y les sucede a aquellos que amas. Esto puede parecer ridículamente obvio, pero no fue hasta unos días después de la muerte de mi padre que finalmente acepté esto. No regresaría, no estaba a la vuelta de la esquina, no andaba por ningún lado. Como una persona altamente sensible, la muerte y el dolor inevitable que sigue, no tienen absolutamente ningún sentido para mí. ¿Por qué la gente tiene que morir? ¿Por qué tienen que ser arrancados del abrazo de los que los aman? No hay una respuesta real y satisfactoria y preguntar "por qué" solo agrava el dolor. Fue en el completo reconocimiento y aceptación de la mayor certeza de la humanidad, la muerte, que comencé a volver a la vida.

2) Cuando alguien que amas muere, una parte de ti se rinde.

Un amigo recientemente me dijo: "Cuando pierdes a alguien que amas, una parte de ti se sienta y el resto avanza porque sabes que tienes que hacerlo". Con la muerte de mi padre y otros eventos traumáticos que han sucedido en mi vida, había una parte de mí que se negaba a seguir adelante, a aceptar que la vida podía ser tan cruel. La parte lastimada y desconcertada de mí se sentó en una rebelión aturdida y el resto de mí siguió moviéndose, tratando de forjar una nueva vida. Puedo permitir que todo mi ser se siente por un momento cuando sucede algo traumático y cuando esté lista, puedo avanzar con la parte de mí que quiere rendirse en lugar de dejarla atrás.

3) Va a doler. Punto.

No hay nada que puedas hacer para aliviar el dolor. Puedes intentar adormecerlo, medicarlo o desensibilizarlo, pero debajo de todo, todavía duele. Siéntate con su dolor y permita que fluya de cualquier forma que necesite fluir. A veces eso significa arremeter con ira y golpear la almohada. A veces significa enrollarse en una pelota en el piso y llorar hasta que te duermas. Lo que sea que signifique en un momento dado, deja que las emociones fluyan. Es natural sentir dolor y pena cuando muere alguien a quien amas.

Para una persona altamente sensible, los sentimientos se magnifican intensamente y con frecuencia se sienten en el centro de nuestro ser. Si resistimos el dolor, se vuelve más fuerte. Hubo momentos en que las emociones que me recorrían eran tan agudas, que pensé que iba a morir físicamente. Me tendía en la cama sollozando, todo mi cuerpo temblaba, pensando que esto era el fin. Este es el momento en que voy a morir. Pero no morí. Y cada vez que pensé que sucedería y no fue así, me di cuenta de que no solo podía sobrevivir al bombardeo de emociones, sino que podía permitir que sucediera, sabiendo que pronto pasaría. Cuando permitimos el dolor, damos un paso poderoso hacia la sanidad.

4) Solo porque murió una persona que amas, no significa que todos los que amas morirán pronto también.

Después de que mi padre murió, me obsesioné que morirían todos los que amaba. Llamaba a mi mamá todos los días para asegurarme de que todavía estaba viva. Cuando eres muy sensible, el dolor profundo a menudo puede convertirse en miedo profundo de que un evento similar vuelva a ocurrir. Nuestros cerebros altamente sensibles y nuestra rica imaginación se han desarrollado para considerar posibles resultados. Reconocer que esto es parte del procesamiento emocional y mental, para muchos que son altamente sensibles, puede aliviar sus miedos y ayudarlos a avanzar sin sucumbir a él.

5) No solo estás lidiando con tu propio dolor, también eres susceptible a los de los demás.

Las personas altamente sensibles, y que empatizan fácilmente con los demás se encargan de las emociones de los demás. A veces es difícil para nosotros distinguir entre nuestros propios sentimientos y los de otra persona. Mi novio se corta el dedo del pie afuera en el patio y de repente siento yo un dolor punzante en el dedo gordo, aunque estoy leyendo en la cama y no puedo verlo ni escucharlo. Cuando la muerte azota a una familia, tu guardia de protección habitual se cae y de repente te sobrecoge una vasta mezcla de emociones. Es difícil determinar qué emociones son tuyas y qué emociones absorbes de los demás, así que no lo intentes. Permítete sentir todo sin juicio ni crítica. No importa de quién sea la emoción, lo que importa es dejarlo fluir para que pueda ser liberado.

6) El momento adecuado para seguir es cuando TÚ sigues adelante.

Ni más temprano ni más tarde. El duelo para las personas altamente sensibles, generalmente, tarda más. Es sólo la forma en que estamos neurológicamente conectados. No permitas que otros te digan cuándo debes continuar o que ya deberías haberlo superado. Todos lo superamos a un ritmo diferente y el dolor nos afecta a cada uno de nosotros en diversos grados. Permítete el tiempo que tú necesites."

El lugar favorito de Dios

Frank Viola comparte de su libro:

"El Señor está mucho más interesado en tus debilidades que en tus fuerzas. Él está interesado en quebrantarte. ¿Por qué? Porque cuando hay menos de ti en el camino, hay más espacio para que Él trabaje...De hecho, Dios nos rompe para edificarnos. Y cuanto más talentosa sea una persona, mayor será la necesidad de quebrantarla. Entonces, desde el punto de vista de Dios, es un privilegio estar entre los heridos que caminan. Si bien el quebranto es difícil, es hermoso porque hace que Dios se vea bien. Tus dones naturales atraen la atención hacia ti mientras el quebranto atrae la atención hacia tu Señor.

En la resurrección, Dios comienza de nuevo con una nueva creación. Pero la resurrección siempre sigue al sufrimiento y la muerte que vienen primero. Aquí hay una lección importante. Si construyes de tu vida un hogar para el Señor Jesucristo, vendrán tiempos difíciles. La crisis vendrá. El sufrimiento vendrá. Incluso la muerte, en alguna forma, vendrá. Pero para el cristiano, el sufrimiento tiene un propósito especial. Es el cincelado de Dios diseñado para transformarte a la imagen de Su Hijo. La información no produce transformación. El sufrimiento que nos lleva a abrazar a Cristo sí lo hace.

Una palabra de aliento: si tus fundamentos están en Jesucristo, entonces puedes sobrellevar la tormenta. Puedes soportar la crisis. Puedes caminar a través del fuego porque estás de pie sobre Aquel que es la Roca Inamovible. A veces Dios te librará de problemas. Muchas veces Él te ayudará a atravesarlos. Sin embargo, la resurrección siempre está del otro lado...si te afirmas y aguantas. Un hombre o mujer dirigido por el Espíritu es alguien que ha enfrentado la tragedia, ha enfrentado una pérdida, ha enfrentado un dolor insoportable...y se ha mantenido firme. Con sus vestimentas todavía humeando, estos hombres y mujeres han dicho ante Dios, los mortales y los ángeles: "Está bien con mi alma. El enemigo de Dios me ha abofeteado y todavía estoy aquí. Todavía estoy sobre la Roca. No me he hundido. Aún estoy en pie. No he sido destruido, y no me he hundido. Continuaré siguiendo a mi Señor, venga al infierno o al agua. ¡Él todavía está en el trono!"

Permanece, por lo tanto, en la Roca que nunca se mueve. Anímate, querido hijo de Dios. Si el Señor está contigo, ¿quién puede estar en contra de ti? Como dijo una vez Winston Churchill: "El éxito no es definitivo, el fracaso no es fatal: lo que cuenta es el coraje para continuar."

Otros testimonios

Laura:

"Acabo de pasar el segundo aniversario de perder a mi querida mamá. El tiempo no sana el corazón, el dolor simplemente se mueve a nuevos lugares en nuestro corazón y mente. La extraño y también extraño compartir con ella la crianza de mis hijos y sus queridos nietos. El paso del tiempo duele de una manera diferente comparado con la agudeza de la pérdida inicial, ya que su risa y su hermosa sonrisa no están tan impresas en mi mente como una vez y eso duele. Me estoy adaptando, pero sólo porque no hay otra forma."

Mary Sue:

"Antes de que nuestra hija partiera, nuestra familia tuvo tiempo durante la etapa final de cáncer y sus cuidados paliativos, para sentarnos y hablar con ella hasta que ya no pudo. Sólo podíamos abrazarla y expresarle nuestro amor. Partió con su familia alrededor y tomados de la mano con ella. A pesar de que esta última etapa duró casi 4 semanas, aún sentíamos que no había tiempo suficiente para hablar realmente.

La extraño todos los días, y siempre lo haré. Estoy agradecido de tener tantos buenos recuerdos. Al final, todos tenemos una fecha de partir.

Haga todos los buenos recuerdos que pueda, esté agradecido por tener a esa persona en su vida."

Sam:

"Perdí a mi esposa de 44 años y disfruto de la compañía de mis dos preciosas nietas de 4 y 5 años. Nunca pensé que disfrutaría tanto como abuelo. Esos pequeños obsequios del Cielo me han dado tanta alegría. Son una gran distracción de mi dolor. Un día con mi familia, incluidos mis nietos, es un día de sol y un cielo parcialmente nublado. Un día sin ellos es nublado con la posibilidad de tormentas emocionales. Estoy haciendo lo que considero que está bien con mi dolor. Sí, todavía está allí, pero espero que mi progreso continúe y algún día estaré en un lugar mejor."

Deborah:

"Mi nieta de 18 años se quitó la vida en mi sala de estar. Ella fue víctima de bullying entre los 14-15 años y nunca lo superó. Se disparó al lado de mi árbol de Navidad. Al principio no sabía si podría seguir viviendo en la casa, o en cualquier otro lugar - pero lo hice. Y ahora aprecio los recuerdos anteriores en mi casa con ella. Intento realmente no pensar en el final. En la mayoría de los casos, tengo tranquilidad con eso y trato de concentrarme en su vida y que ella está en el Cielo…para no perder lo que teníamos entre nosotros, ya que era tan especial."

Sandy:

"Mi marido murió en el piso de la cocina de un aneurisma. Mi hija de 16 años llegó a casa a almorzar y lo encontró. Durante algunas semanas, cada vez que entraba a la casa podía ver su cuerpo sin vida tumbado allí. Hablamos sobre su muerte a menudo para dar a todos mis hijos la oportunidad de procesar lo ocurrido. Esto fue hace 15 años. Recientemente, cuando estaba en un viaje con mi hija, le pregunté si alguna vez lo había 'visto' allí cuando ella entraba a la casa. Ella respondió "siempre". Cuando vamos a reuniones familiares a veces tengo una imagen fugaz de él en mi mente, pero no es dolorosa. También recordamos hablar de él a menudo. Es muy importante no enterrar la muerte de un ser querido; habla sobre los buenos tiempos y hónralos."

Stef:

"Quiero felicitarme a mi misma por haberme convertido en una mejor persona después de perder a mi esposo. En unas pocas semanas será ya un año y soy una persona totalmente diferente de la que era. Recogí mi vida y mi perro y me mudé de Texas a Florida para estar cerca del mar. Volví a la escuela y obtuve una licencia de CNA y ahora estoy haciendo una diferencia en las vidas de los demás. Sí, tengo mis horribles días oscuros de ataque de duelo, pero me doy cuenta de que estoy empezando a tener más días buenos que malos. Veo que soy más fuerte de lo que alguna vez pensé que podría ser. Soy valiente. Estoy bendecida por no estar sola, incluso en mis momentos más oscuros. Finalmente he dejado de mirar todo como antes de que Bill muriera/después de que Bill muriera y comenzando a aceptar que necesito vivir el presente. Necesito vivir, todavía estoy aquí. Esta es mi nueva vida, mi nueva realidad. Estoy orgullosa de haber sobrevivido."

Steve:

"Mi esposa murió repentinamente, aunque estaba enferma. He hecho un esfuerzo por ser feliz. Creo que la felicidad requiere trabajo, requiere fuerza y acción interior. Siento como que he sido arrojado por la borda a un mar de tristeza, y podía quedarme allí o nadar hasta la orilla. Estoy nadando. La orilla no está tan cerca, pero estoy luchando (intentando estar mental, emocional y físicamente en forma) para llegar a la orilla. Tengo la esperanza de que lo lograré. Y tener esperanza es un motivador poderoso como tener amigos y familiares que desean que tengas éxito."

CITAS

Estas citas por personas prominentes tienen como objetivo la reflexión para traer el consuelo y aliento en tu esfuerzo para superarte y seguir adelante.

"La fe no conoce derrota, crece y se fortalece en la dificultad."

"El duelo es una respuesta normal y natural por una pérdida. Originalmente es un proceso de sentimientos que no se aprende. Mantener el dolor en el interior aumenta el dolor." Ann Grant

"El dolor pasa, pero la belleza permanece." Pierre Auguste Renoir (1841-1919)

"El dolor no se puede compartir. Todo el mundo lo lleva solo. Es su propia carga y lo lleva a su manera." Anne Morrow Lindbergh

"Sufrir duele." – Ed Underwood.

"Y puede ser que, en un mundo tan lleno y activo, la pérdida de una criatura haga un vacío tan ancho y profundo que nada más que la anchura y la profundidad de la eternidad pueda llenarlo." (Charles Dickens (1812-1870)

"El duelo es una de las experiencias humanas más profundas que se pueda jamás experimentar...La profunda capacidad para llorar por la pérdida de un ser querido y para seguir atesorando el recuerdo de esa pérdida es uno de nuestros rasgos humanos más nobles." Shneidman (1980)

"Hay algo sagrado en las lágrimas. No son la marca de debilidad, sino del poder. Ellos hablan más elocuentemente que diez mil lenguas. Son los mensajeros de un dolor abrumador, de profunda contrición y de amor indescriptible." Washington Irving

"Si puedo ver el dolor en tus ojos, entonces comparte conmigo tus lágrimas. Si puedo ver la alegría en tus ojos, entonces comparte conmigo tu sonrisa." Santosh Kalwar

"Debería saber lo suficiente sobre la pérdida como para darme cuenta de que en realidad nunca dejas de extrañar a alguien; sólo aprendes a vivir en el enorme vacío de su ausencia." Alyson Noel, (Evermore)

"La tragedia debería usarse como fuente de fortaleza." Filosofía tibetana

"Si puedo ver el dolor en tus ojos, entonces comparte conmigo tus lágrimas. Si puedo ver la alegría en tus ojos, entonces comparte conmigo tu sonrisa." Santosh Kalwar

"Con Cristo podemos hacer todo lo que necesitamos hacer con Su valentía." Joyce Meyer

"El riesgo de amar es la pérdida, y el precio de la pérdida es dolor; pero el dolor del sufrimiento es sólo una sombra cuando se compara con el dolor de nunca arriesgar el amor." Hilary Stanton Zunin

"La felicidad es beneficiosa para el cuerpo, pero es el dolor que desarrolla los poderes de la mente." Marcel Proust, (En Busca del Tiempo Perdido)

"Las cosas mejores y más bellas del mundo no se pueden ver ni tocar, sino que sólo se pueden sentir en el corazón." Helen Keller

"Mientras podamos amarnos y recordar el sentimiento de amor que teníamos, podemos morir sin realmente irnos. Todo el amor que has creado todavía está allí. Todos los recuerdos siguen ahí. Vives en los corazones de todos los que has tocado y nutrido mientras estabas aquí." Mitch Albom

"Lo que una vez disfrutamos profundamente nunca podemos perder. Todo lo que amamos profundamente se convierte en parte de nosotros." Helen Keller

"Sólo las personas que son capaces de amar con fuerza también pueden sufrir grandes tristezas, pero esta misma necesidad de amar sirve para contrarrestar su dolor y curarlas." Leo Tolstoi

"Cuando pierdes la persona sin la cual piensas no puedes vivir, tu corazón se romperá del todo, y la mala noticia es que nunca superas por completo la pérdida de tu amado. Pero esta es también la buena noticia. Viven para siempre en tu corazón roto que no se cierra de nuevo. Y lo llegas a superar. Es como tener una pierna rota que nunca sana a la perfección - que todavía duele cuando hace frío, pero aprendes a bailar con la cojera." Anne Lamott

"Cuando alguien que amas muere, y no lo esperabas, no la pierdes todo al mismo tiempo; la pierdes en trozos durante mucho tiempo - la forma en que deja de llegar el correo, y su aroma desvanece de las almohadas e incluso de la ropa de su armario y cajones. Gradualmente, acumulas las partes de ella que se han ido. Justo cuando llega el día cuando hay una parte perdida particular que te abruma, con la sensación de que se fue para siempre, llega otro día y otra parte que específicamente faltaba." John Irving, (Una Oración por Owen Meany)

"Mientras el dolor está fresco, cada intento de desviar solo irrita. Debes esperar hasta que sea digerido, y luego la diversión disipará lo que queda de él." Samuel Johnson

"La mayor gloria de vivir no reside en no caer nunca, sino en levantarse cada vez que caemos." Nelson Mandela

"El dolor es como el océano; viene como ondas que fluyen y se retraen. A veces el agua está tranquila y, a veces, es abrumadora. Todo lo que podemos hacer es aprender a nadar." Vicki Harrison

"Todos en algún momento sufrirán una pérdida: la pérdida de seres queridos, o buena salud, o un trabajo. Es tu experiencia en el desierto: un momento en que te sientes falto de opciones, incluso de esperanza. Lo importante es no permitirte quedar atrapado en el desierto." Patrick Del Zoppo

"Encontrar un viaje seguro a través del dolor para crecer no significa que uno debe olvidar el pasado. Significa que en el viaje necesitaremos vías seguras para que el recuerdo, que puede ser doloroso, sea posible." Donna O'Toole

"Los que han sufrido comprenden el sufrimiento y por lo tanto extienden su mano." Patti Smith

"Nadie me dijo que el dolor se sentía tan parecido al miedo." C.S. Lewis, (Un Dolor Observado)

"El dolor no desaparecerá de tu vida, pero tampoco dejará Jesús de preocuparse por ti. Si confías en Él, Él te mostrará Su gloria. Ed Underwood (Cuando Dios Rompe tu Corazón)

"Puedes pasar por algunas cosas que nunca entenderás, pero confía que Dios las resolverá para tu bien." Joyce Meyer

"Para librarse de la pena a toda costa se puede lograr sólo al precio del desprendimiento total, lo que te excluye de la capacidad de experimentar la felicidad." Erich Fromm

"La alabanza a Dios te salvará de los momentos más miserables que la vida pueda arrojarte." Ed Underwood.

"Cuanto más oscura es la noche, más brillantes son las estrellas. Cuanto más profundo es el dolor, más cerca está Dios." Fyodor Dostoyevsky, (Crimen y Castigo)

"Encontrar un viaje seguro a través del dolor para crecer no significa que uno debe olvidar el pasado. Significa que en el viaje necesitaremos vías seguras para que el recuerdo, que puede ser doloroso, sea posible." Donna O'Toole

"Tres cosas son fundamentales para comprender el duelo. Primero, cada pérdida nos lanza en un curso ineludible a través del dolor. Segundo, cada pérdida revive todas las pérdidas pasadas. Tercero, cada pérdida, si está completamente superada por haber completado el proceso del duelo, puede ser un vehículo para el crecimiento y regeneración." Vamik D. Volkan, MD

"El dolor es el precio que pagamos por amor." Reina Elizabeth II

"Lo que el corazón sabe hoy, la mente comprenderá mañana." James Stephens, autor y poeta irlandés.

"Una vida de gran propósito no es una vida de gran facilidad." Ginger Garrett

"Cuando esperas que Dios haga una cosa, Él puede sorprenderte haciendo otra cosa...usualmente algo mejor de lo que deseabas en primer lugar." Linda Windsor

"Dios nunca tuvo la intención de relacionarse con nosotros desde la distancia. Él no quería una relación cósmica de Facebook con sus portadores de imágenes. No quería twittearnos de vez en cuando o grabarnos un mensaje de texto para ver cómo estamos. "No tengo tiempo para llamar, pero sólo quería asegurarme de que estás bien". Nuestro Dios talla nuestros nombres en Sus manos. Entra en nuestro dolor y nos encuentra debajo del puente." Preston Sprinkle

"Es en nuestro reposo que recuperamos la conciencia de Dios, que nos recuerda que Su cercanía es nuestra recompense codiciada." Brady Boyd

"El dolor es un viaje, a menudo peligroso y sin dirección clara, que debe tomarse. La experiencia del duelo no puede ordenarse o clasificarse, ni puede ser apresurado o controlado, dejado a un lado o ignorado indefinidamente. Es inevitable como respirar, como los cambios, o como el amor. Puede ser pospuesto, pero no será denegado." Molly Fumia

"El luto no es olvidar...es un desatar. Cada lazo diminuto tiene que ser desatado y algo permanente y valioso recuperado y asimilado del polvo." Margery Allingham

"El dolor llega a todos. El alivio perfecto no es posible, excepto con el tiempo. Ahora no puedes darte cuenta de que algún día te sentirás mejor...y sin embargo...ciertamente volverás a ser feliz." Abraham Lincoln

"Si vivimos nuestras vidas con bajas expectativas en Dios, nos privaremos de una vida plena y diluiremos masivamente el honor que se le debe. Si, en cambio, podemos entrar en el reino de la fe, brindaremos placer al corazón de Dios y disfrutaremos la maravilla que es tener una aventura en Sus propósitos." Matt Redman

"Si Dios fuera lo suficientemente simple para que lo entendiera, no sería lo suficientemente grande como para satisfacer mis necesidades ni sería digno de mi adoración". Britt Merrick

"Cuando nuestro espíritu nos dice que es hora de llorar, debemos llorar. Es parte del ritual - poner la tristeza en perspectiva y ganar control de la situación. El dolor tiene un propósito. Apenarse no significa que eres débil. Es el primer paso para recuperar el equilibrio y la fuerza. El duelo es parte del proceso de la templanza." Joseph M. Marshall III

"Toda gran pérdida exige que escojamos la vida nuevamente. Tenemos que pasar por el duelo para hacer esto. El dolor por el cual no hemos llorado siempre se interpondrá entre nosotros y la vida. Cuando no nos entristecemos, una parte de nosotros queda atrapada en el pasado como la esposa de Lot, quien, porque miró hacia atrás, se convirtió en un pilar de sal. El duelo, no se trata de olvidar. El duelo nos permite sanar, recordar con amor en lugar de dolor. Es un proceso de clasificación. Uno por uno, sueltas las cosas que se fueron y lloras por ellas. Uno por uno, te sujetas de las cosas que se han convertido en parte de lo que eres y construyes de nuevo." Rachel Naomi Remen

"Si Dios fuera lo suficientemente simple para que lo entendiera, no sería lo suficientemente grande como para satisfacer mis necesidades ni sería digno de mi adoración". Britt Merrick

"Dios no te ayudará si primero determinas ayudarte a ti mismo." Preston Sprinkle

"Él nos creó para ser amado por Él; es así de simple y complejo. Nuestra respuesta a tan buenas noticias abrumadoras es adorarlo, ahora y para siempre...Es fácil decir que Dios ama tanto al mundo. La parte más difícil es creer que Dios me ama tanto a mí." Paul Baloche

"Hay tres leyes. La primera es que nadie, sin excepción, experimenta ninguna dificultad que no sea capaz de superar. La segunda es que todo dolor y esfuerzo siempre se compensa con creces y en el momento más adecuado. Y la tercera ley dice que todo aquello realmente importante que nos ocurre sigue un sabio propósito que, más tarde o más temprano, llegamos a comprender." Rafael Vídac (El Hombre Más Rico del Mundo)

"Pon tu enfoque en lo que queda por delante en lugar de mantenerte en el pasado. La muerte no es tu culpa" Suzy LaBonte

"A veces, la luz más brillante proviene de los lugares más oscuros. Y lo que no te destruye termina definiéndote de una manera significativa." Frank Viola

"La presencia de Dios no se encuentra en la ausencia de sufrimiento y desilusión sino en medio de ellos." Mike Erre

"Reposa en el hecho de que Dios hace todo de manera perfecta, incluso cuando nuestra visión terrenal limita nuestro entendimiento." Ed Underwood

"Realizar el proceso de duelo no significa olvidar; esto permite buscar para tu ser querido el lugar que merece entre los tesoros de tu corazón; es poder pensar en él y no sentir ya el latigazo del dolor, recordándole con ternura y sentir que el tiempo que compartieron fue un gran regalo. Es entender con el corazón en la mano que el amor no se acaba con la muerte." Jorge Bucay (El Camino de las Lágrimas)

"El amor de Dios no conoce sombra de alteración. No cambia. Su amor nunca, nunca, nunca está basado en nuestro desempeño, nunca está condicionado por nuestros estados de ánimo, de júbilo o depresión. Dios me ama tanto como ama a Jesús." Brennan Manning

"Aquellos que creen en Dios, pero sin pasión en sus corazones, sin angustia en mente, sin incertidumbres, sin dudas, sin un elemento de desesperación incluso en su consuelo, creen en la idea de Dios, no en Dios mismo." Miguel de Unamuno.

*****

BIBLIOGRAFÍA

- Prefacio tomado de Mejor Con Salud - Duelo-ese proceso para el que nadie está preparado (https://mejorconsalud.com/duelo-ese-proceso/)

- The Power of Suffering – John Macarthur

- When God Breaks Your Heart: Choosing Hope in the Midst of Faith-Shattering Circumstances - Ed Underwood

- Astonished: Recapturing the Wonder, Awe, and Mystery of Life with God – Mike Erre

- God Can't Sleep: Waiting for Daylight on Life's Dark Nights - Palmer Chinchen

- Indescribable: Encountering the Glory of God in the Beauty of the Universe -Louie Giglio and Matt Redman

- Fields of the Fatherless: Discover the Joy of Compassionate Living – Tom Davis

- Grief Undone: A Journey with God and Cancer - Elizabeth Groves

- Zachary's Choice: Surviving My Child's Suicide - Suzy LaBonte

- God's Favorite Place on Earth – Frank Viola

- Emotional Survival Guide for Empaths and Highly Sensitive Persons – Tree Franklyn

- Hospice Foundation of America

- Joyce Meyer - https://joycemeyer.org/

- Navigating Grief – Joan Hitchens http://www.navigatinggrief.com/is-my-grief-normal/

- Katherine C. Nordal, PhD - http://www.apa.org

- Maureen O'Connell, LPC - http://www.catholictherapists.com

- Cherie Rickard - https://thegrieftoolbox.com

- http://blog.cfaith.com/blogs/doc/archive/2007/11/22/the-weapon-of-praise-and-thanksgiving.aspx - Jonathan Doctor

- https://whatsyourgrief.com/death-at-home/

- www.helpguide.org

- http://www.nhs.uk

- Scriptural references: www.FOFMC.net

*****

Estimado Lector

Nos interesan mucho tus comentarios y opiniones sobre esta obra. Por favor ayúdanos comentando sobre este libro. Puedes hacerlo dejando una reseña en la tienda donde lo has adquirido.

Puedes también escribirnos por correo electrónico a la dirección: **info@editorialimagen.com**

Si deseas más libros como éste puedes visitar el sitio de **Editorialimagen.com** para ver los nuevos títulos disponibles y aprovechar los descuentos y precios especiales que publicamos cada semana.

Allí mismo puedes contactarnos directamente si tienes dudas, preguntas o cualquier sugerencia. ¡Esperamos saber de ti!

MÁS LIBROS POR LA AUTORA

Ángeles en la Tierra - Historias reales de personas que han tenido experiencias sobrenaturales con un ángel.

Los ángeles son tan reales y la mayoría de las personas han tenido por lo menos una experiencia sobrenatural o inexplicable. Es inspirador leer los muchos testimonios.

Conociendo más a la Persona del Espíritu Santo

La llenura del Espíritu Santo es una experiencia grandiosa. Todo cambia después de que el Espíritu lleva el timón. Que estas páginas te inspiren para iniciar tu propia búsqueda y tener la mayor aventura con nuestro Dios quien no tiene límites.

Promesas de Dios para Cada Día - Promesas de la Biblia para guiarte en tu necesidad

La Biblia está llena de las promesas y bendiciones de nuestro Padre Dios. Este libro te ayudará a conocerlos y te fortalecerán en tu fe. Las promesas están compiladas según el tema.

Perlas de Sabiduría – Un devocional - 60 días descubriendo verdades en la Palabra de Dios

Las revelaciones de Dios son como perlas de gran valor que están escondidos hasta ser descubiertos. Dios se place en revelarnos Sus secretos. Descubra algunos de estos secretos de gran valor.

Una Luz para Guiar tu Vida Diaria - Devocionales para cada día del año con versículos escogidos de la Biblia

La Biblia es un libro vivo, poderoso para guiarnos y alentarnos según nuestra circunstancia. Es Dios mismo hablándonos para aliviar nuestras cargas. Este libro contiene solamente la Palabra de Dios, con los versículos compilados según un tema.

La Maravillosa Historia de Jesús – Relatado para niños de 6 a 12 años.

Se especifican los mayores sucesos de Su vida y Sus principales enseñanzas con el objetivo que el niño llegue a amar a Jesús y tener una relación personal con Él. La vida de Jesús está escrita en orden cronológico. Incluye un mapa señalando los lugares donde estuvo Jesús. Contiene 22 dibujos para colorear.

Esteban Vence sus Miedos y Conoce al Mejor Súper Héroe

Este libro ilustrado a color relata varias aventuras del pequeño Esteban, a quien le gusta jugar y divertirse con sus hermanos. En una oscura noche, el miedo se apoderó de él, pero luego conoció a alguien que cambió su vida para siempre, conoció al mejor Súper Héroe, ¡uno real!

¿A dónde va Princesa Milena por primera vez? - Libro ilustrado a color para ayudar a los niños pequeños superar sus temores

Trata el primer día en Jardín de Infantes y los temores previos a ese día. El propósito del libro, mediante mensajes positivos, es que los pequeños superen sus preocupaciones y puedan tener más confianza y seguridad al iniciar algo nuevo.

MÁS LIBROS DE INTERÉS

Doctrina Cristiana Básica – Aprende de manera sencilla lo que todo cristiano debe saber.

Nociones claras y básicas de la doctrina cristiana, algo primordial para todo creyen-te, ya que lo que creemos influencia la forma en que vivimos. Una exposición dinámica de los principales temas doctrinales. Respuestas rápidas para exponer mejor su fe.

Cómo Hablar con Dios - Aprendiendo a orar paso a paso

A veces complicamos algo que nuestro Señor quiere que sea sencillo, es por esto que en este libro podrás encontrar detalladamente las respuestas a las preguntas: ¿Cómo debo orar? ¿Qué me garantiza que Dios me va a responder?

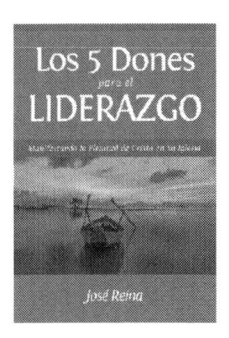

Los 5 Dones para el Liderazgo – Manifestando la Plenitud de Cristo en Su Iglesia

¿Siguen vigentes en nuestros días los cinco dones ministeriales - apóstoles, profetas, evangelistas, pastores y maestros? ¿Por qué Jesús otorgó estos dones ministeriales a Su iglesia? Es urgente para un ministerio efectivo en la iglesia contemporánea una clara visión del papel de estos cinco ministerios.

Liderazgo Cristiano - Herramientas esenciales para el líder de hoy

Esta carta, junto con 2 Timoteo y Tito pertenecen al grupo llamado "Epístolas pastorales", por ser dirigidas no a una Iglesia en primer lugar, sino a pastores, a quienes se les recuerdan sus deberes y manera de conducirse como siervos de Dios.

*****

Sanidad para el Alma Herida - Cómo sanar las heridas del corazón y confrontar los traumas para obtener verdadera libertad spiritual

Es un libro teórico y práctico sobre sanidad interior. Nuestra enseñanza motiva la bús-queda de la sanidad para las mentes y espí-ritus de las almas sufridas y atormentadas.

Una Ventana Abierta en el Cielo - Un comentario bíblico del Apocalipsis de San Juan

Nuestro planeta sufre los peores momentos. Ante una cada vez más intensa ola de desastres naturales y la presente realidad de una sociedad resquebrajada moralmente. Surgen las preguntas: ¿Hacia dónde se encamina la humanidad entera? ¿Tiene su historia un propósito? Este libro tiene las respuestas.

Espíritu Santo, ¡Sopla En Mí! - Aprendiendo los secretos para un vida de poder espiritual

¿Realmente queremos vivir una experiencia que revolucione nuestro presente, que haga la diferencia entre la muerte y la vida espiritual? De eso trata este libro. Te guiará a conocer al Espíritu Santo como persona. También aprenderás que es posible vivir una vida llena de Su presencia.

*****

Made in the USA
Las Vegas, NV
20 October 2021